Palabras, palabras...

Vocabulario temático

Angeles Encinar

Profesora de Lengua y Literatura españolas
en St. Louis University, Madrid Campus.

edelsa

EDICIONES EUROLATINAS SA

edi6
6qi e

Plaza Ciudad de Salta, 3
28043 MADRID
Tels.: (91) 416 55 11
          416 53 31
          416 52 18
Fax: (91) 416 54 11

1ª Edición 1991
2ª Edición 1993

© EDELSA/EDI 6
ISBN: 84-7711-059-X
Depósito legal: M. 17.168-1993
Maquetación e ilustraciones: SEAMER, S. A.
Cubierta: T. D. GUACH
Imprime: Gráficas ROGAR, S. A.

Presentación

Este libro está dirigido a los estudiantes extranjeros de la lengua española que ya tienen una base gramatical y desean practicar conversación para alcanzar mayor fluidez. Corresponde a un nivel intermedio, sin excluir, de ninguna manera, a otros estudiantes que se acerquen a él considerándolo fuente de información. En cualquiera de los casos el buen juicio del profesor o del alumno le indicará aquellos aspectos donde debe poner mayor énfasis.

Consta de 20 capítulos estructurados en función de áreas temáticas. Todos los capítulos se componen de un amplio vocabulario, una serie de ejercicios orientados a la práctica y el incremento de dicho vocabulario, expresiones frecuentes, un tema de conversación y situaciones posibles.

El *vocabulario-base* que encabeza cada capítulo tiene una importancia relevante. En primer lugar proporciona al estudiante el léxico imprescindible para poder entablar una comunicación. La carencia de toda traducción inducirá a una mejor memorización oral y escrita del nuevo vocablo y, al mismo tiempo, favorecerá la creación de un automatismo en el aprendizaje del idioma.

La **serie de ejercicios** que sigue a cada vocabulario exige, en un principio, el reconocimiento de los vocablos presentados y conlleva, asimismo, el aprendizaje de otros nuevos, además de proporcionar orientación en la precisión de su uso. La inclusión de un ejercicio de verbos es constante en todos los capítulos, ya que resulta imprescindible para un total conocimiento del tema. La realización de ejercicios variados de sinónimos, antónimos y derivados tiene por objeto un enriquecimiento léxico y la posibilidad de obtener mayor seguridad en la formación de palabras. Todo ello capacitará gradualmente al alumno para poder expresar sus ideas y llegar a argumentarlas.

Hemos llamado, poco ortodoxamente quizás, **Expresionario,** a un apartado en el que mediante diferentes formas de presentación se introduce e incrementa el conocimiento de modismos, refranes y frases hechas de uso frecuente entre los hablantes nativos.

¡Vamos a hablar! y **Situaciones** están dirigidos a la práctica directa de conversación y sirven de punto de partida para alcanzar fluidez en el lenguaje oral. Dejan la puerta abierta a ulteriores posibilidades entre uno o varios interlocutores.

Al final del presente volumen se encuentran soluciones a algunos de los ejercicios, en concreto a la mayoría de los que sólo tienen una respuesta posible.

Agradezco profundamente a Pilar Jiménez sus sugerencias, entusiasmo y apoyo.

La autora

Índice

¿Reconoces tu cuerpo?

- barbilla (la)
- boca (la)
- brazo (el)
- cejas (las)
- cintura (la)
- codo (el)
- cuello (el)
- dedo (el)
- dientes (los)
- espalda (la)
- estómago (el)

- frente (la)
- hombro (el)
- labios (los)
- lengua (la)
- mejilla (la)
- mano (la)
- muñeca (la)
- muslo (el)
- nalgas (las)
- nariz (la)
- ojos (los)

- oreja (la)
- pecho (el)
- pie (el)
- piel (la)
- pierna (la)
- pestañas (las)
- pelo (el)
- rodilla (la)
- uñas (las)
- vientre (el)

Ejercicios

A

Aprendemos que el cuerpo se divide en cabeza, tronco y extremidades.

Agrupa las palabras del vocabulario según la parte del cuerpo en que se encuadren y señala a cuál corresponden.

....
....
....
....

...

B

Primero relaciona adecuadamente estas dos columnas y, luego, completa las siguientes frases con el verbo más apropiado :

tocar   1. Con el gusto tú .... la comida.

oler   2. Con la vista yo .... la televisión.

oír   3. Con el olfato nosotros .... el perfume.

ver   4. Con el tacto él .... los objetos.

saborear   5. Con el oído vosotros .... la música.

C

Señala la palabra que corresponde a cada definición :

1. pelirrojo a. persona sin pelo
2. parecerse b. clase de dientes
3. calvo c. de pelo rojizo
4. cana d. tener parecido con cierta cosa o persona
5. muela e. pelo que se ha vuelto blanco

D

Escribe los antónimos de las siguientes palabras escogiéndolos de la columna de la derecha :

flaco/delgado .... moreno
callado .... izquierda
engordar .... tranquilo
levantarse .... hablador
derecha .... bajo
nervioso .... gordo/grueso
alto .... adelgazar
rubio .... sentarse

E

a. Uno de estos 5 verbos no se relaciona con los demás ¿Cuál es?:

abrazar, guiñar, besar, apagar, chupar, respirar

b. Si no sabes alguna palabra en español, puedes comunicarte mediante movimientos y gestos del cuerpo. Relaciona estos verbos con las descripciones de gestos :

a. mandar acercarse   1. Juntar ambas manos a un lado de la cabeza y apoyarla encima.

b. olvidarse   2. Partiendo del cuerpo, mover el dedo índice de atrás hacia delante.

c. dormir   3. Darse pequeños golpes con la mano en la frente.

¿De qué palabra se trata? Sólo faltan las consonantes y todas las palabras se encuentran en el vocabulario :

_ ue _ _o	Une la cabeza y el tronco.
_ u _ e _ a	Se encuentra entre la mano y el brazo.
e _ _ o _ a _ o	Está debajo del pecho.
_ ie _	Cubre todo el cuerpo.
_ _ e _ _ e	Está encima de las cejas.
_ o _ _ _ o _	Los tenemos cerca del cuello.

El cuerpo se ofrece como medio de expresión en todos los idiomas; aquí va una muestra de algunas frases y refranes españoles. Los hemos agrupado según las partes del cuerpo de que se trate. De unos decimos el significado. De otros esperamos que la frase te ayude a resolverlo. Algunos suponemos que puedes deducirlos :

Con mano:
- *Estar mano sobre mano.*
  Es imposible que haya terminado el trabajo, lleva una hora mano so -
  bre mano.
- *Dar a manos llenas* (Ser muy generoso).
- *Echar mano de algo / de alguien.*
  Si no lo consigo solo, echaré mano de mi amigo Luis.

Con ojos:
- *Tener buen ojo/buena vista/mucha vista.*
  Adela es un lince: tiene buen ojo para los negocios.
- *Ojo por ojo, diente por diente* (Hacer lo mismo que te hacen).

Con oídos:
- *Hacer oídos sordos* (No hacer caso).
- *Tener buen oído.*

Con corazón:
- *Hacer de tripas corazón* (Aguantarse, disimular una mala situación).
- *Tener un corazón de piedra ≠ Tener buen corazón.*

Con pelo:
- *Ponérsele a uno los pelos de punta* (Hay personas a quienes les pasa eso viendo películas de terror).

Con pie:
- *Levantarse con el pie izquierdo* (Ese día las cosas no van muy bien).

Con partes de la cara:
- *Ver, oír y callar* (La máxima fundamental de los prudentes).
- *Tener algo entre ceja y ceja* (No dejar de pensar en algo).
- *Tener mucho rostro / cara dura.*

¡Vamos a hablar!

¿El aspecto físico de una persona está relacionado con el carácter?

¿Haces gimnasia? ¿Qué partes del cuerpo usas?

¿Qué cualidades físicas tiene un jugador de baloncesto? ¿Y un nadador?

¿Qué ejercicios realizarías diariamente para estar en plena forma?

Describe físicamente a tu padre, tu madre o tu mejor amigo.

¿Qué tipo de personas te gustan?

¿Son importantes los gestos? ¿Por qué?

¿Hay diferencia entre gestos españoles y los que se hacen en tu país?

¿Qué gestos haces cuando estás nervioso?

Situaciones

¿Reconoces tu cuerpo? Necesitas describir físicamente cómo eres a alguien que no te conoce ¡Hazlo!

Eres profesor, habla a tus estudiantes de los principales sentidos.

¿Puedes explicar a un compañero que apenas sabe español el significado de los siguientes refranes españoles: *"Ojos que no ven, corazón que no siente"* y *"A palabras necias oídos sordos"*?

No hay nada en la nevera

- aceite (el)
- agua (el)
- ajo (el)
- almejas (las)
- arroz (el)
- azúcar (el)
- berenjena (la)
- café (el)
- calabacín (el)
- calamares (los)
- cebolla (la)
- cerdo (el)
- cerezas (las)
- cerveza (la)
- ciruela (la)
- coliflor (la)
- cordero (el)
- champiñones (los)
- chocolote (el)
- chorizo (el)
- embutidos (los)
- espaguetis (los)
- espinacas (las)
- fresas (las)
- gambas (las)

- garbanzos (los)
- guisantes (los)
- harina (la)
- huevos (los)
- jamón (el)
- judías (las)
- judías verdes (las)
- langostinos (los)
- leche (la)
- lechuga (la)
- lenguado (el)
- lentejas (las)
- limón (el)
- macarrones (los)
- maíz (el)
- mahonesa (la)
- mantequilla (la)
- manzana (la)
- mejillones (los)
- melocotón (el)
- melón (el)
- merluza (la)
- mermelada (la)
- mostaza (la)
- naranja (la)

- ostras (las)
- pan (el)
- patata (la)
- pavo (el)
- pez espada (el)
- pimienta (la)
- piña (la)
- plátano (el)
- pollo (el)
- queso (el)
- sal (la)
- sandía (la)
- salmón (el)
- sardina (la)
- té (el)
- ternera (la)
- tomate (el)
- trucha (la)
- uvas (las)
- vaca (la)
- vinagre (el)
- vino (el)
- zanahoria (la)
- zumo (el)

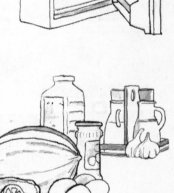

Ejercicios

A

Escoge en el vocabulario: 5 frutas, 5 verduras, 3 legumbres, 4 clases de carne, 4 pescados, 2 mariscos, 2 condimentos, 2 fiambres y 3 bebidas.

....

....

....

...

B

Pon el verbo más adecuado :

limpiar, echar, cocer, comprar, pelar

1. Yo .... la naranja con el cuchillo.
2. Mi madre .... los macarrones durante 15 minutos.
3. Usted .... el pescado antes de cocinarlo.
4. Tú .... agua en la jarra.
5. Nosotros .... legumbres en el supermercado.

C

Relaciona una palabra de la columna de la izquierda con la más apropiada de la derecha :

1. zumo	a. chorizo
2. tomate	b. racimo
3. cereal	c. naranja
4. pasta	d. espinacas
5. marca	e. "Coca cola"
6. uvas	f. patata
7. puré	g. ensalada
8. verdura	h. macarrones
9. embutido	i. arroz

D

Busca en las frases el antónimo de los siguientes adjetivos :

Jugoso, crudo, soso, duro, frío, maduro, ligero

- La leche está demasiado caliente.
- No me gusta la carne pasada.
- Este filete está tierno.
- La naranja está muy seca.

- La fabada es un plato típico español bastante pesado.
- Prefiero las comidas saladas.
- Los melocotones están verdes.

E

¿Verdadero o falso?:

1. El pescado tiene espinas.
2. Los plátanos no tienen piel.
3. Una parte del pollo se llama muslo.
4. La sandía tiene pepitas.
5. El cordero es un ave.
6. Las ciruelas tienen hueso.

F

Elige la palabra más adecuada para completar la frase :

Amargo Harina Sopa Mermelada Espesa Yema Churros Dulce
Carne picada Marisco

1. Para hacer la masa de una tarta se necesita ....

2. Este postre tiene demasiado azúcar. Está muy ....

3. En el desayuno me gusta tomar tostadas con confitura de fresa o .... de ciruela.

4. De primer plato siempre tomo algo caliente, por ejemplo ....

5. No me gusta el "Campari", es un licor demasiado....................................

6. En España es típico desayunar chocolate con....................................

7. Para hacer esa receta sólo tienes que usar las .... del huevo.

8. No quiero esa salsa porque está muy....................................

9. En el noroeste de España, en Galicia, se come mucho....................................

10. Las hamburguesas se hacen con....................................

EXPRESIONARIO

■ **¿Ves alguna relación entre estas expresiones?**

Quedarse con hambre. *Esto está riquísimo.*
No hay quien pueda comer esto. *No probar bocado.*
Ponerse las botas. *Estar lleno.*

Haz frases con alguna de ellas.

■ **A propósito de *ponerse las botas*, explica sus diferentes significados en las siguientes frases:**

- *En seguida termino de vestirme, voy a ponerme las botas.*
- *Fue una fiesta estupenda, había platos exquisitos y nos pusimos las botas.*

■ **Alimento básico, el pan es protagonista de expresiones populares ¿Conoces el significado de éstas?:**

Contigo, pan y cebolla.
Con pan y vino se anda el camino.
A buen hambre no hay pan duro.
Pan con pan, comida de tontos.

¡Vamos a hablar!

Invitas a cenar a unos amigos pero te das cuenta de que *no hay nada en la nevera*. Llama al supermercado y encarga lo necesario. ¿Qué vas a preparar? De primero ...., de segundo .... y de postre .... Y quizás antes de la comida un aperitivo ....

¿Qué verdura te gusta más? ¿y qué fruta?

¿Cuáles son tu carne y tu pescado favoritos?

¿Comes legumbres con frecuencia?

¿Qué desayunas normalmente?

Esta noche quieres preparar una buena ensalada... ¿qué ingredientes pones?

¿Qué comidas de otros países has probado? ¿Dónde?

¿Te gusta la comida vegetariana? Describe cómo es algún plato que conozcas.

Cuando sales a un restaurante ¿Dónde te gusta ir? ¿Prefieres restaurantes caros o baratos?

Situaciones

Te han encargado preparar un menú de siete días para un colegio ¡Manos a la obra!

Tienes mucha hambre y poco dinero ¿Cómo resuelves el problema?

La carne que te han servido sabe mal. ¿Qué haces? ¿Qué le dices al camarero?

Debes explicar cómo se hace un plato típico de tu país. Si no, te proponemos que "prepares" una pizza o una tortilla de patata o una tarta de manzana.

En familia

- abuelo/a (el/la)
- ahijado/a (el/la)
- cuñado/a (el/la)
- esposos (los)
- familiares (los)
- hermano/a (el/la)
- hijo/a (el/la)
- hijos políticos (los)
- madre (la)
- madrina (la)
- marido (el)
- mujer (la)
- nieto/a (el/la)
- nuera (la)
- padre (el)
- padres (los)
- padrino (el)
- padrinos (los)
- primo/a (el/la)
- sobrino/a (el/la)
- suegro/a (el/la)
- tío/a (el/la)
- yerno (el)

Ejercicios

A

Completa las frases de acuerdo con la ilustración :

1. Juan y María son .... y ....

2. Tienen dos ...., su .... es Eva y su .... es Mario.

3. María es la .... de Mario y de Eva; Juan es su ....

4. Eva es .... de Mario.

5. Marta, Pablo y Fernando son .... de Juan y María; Juan y María son sus ....

6. Mario es el .... de Marta y de Pablo.

7. Marta es .... de Mario; Fernando es .... de Eva.

8. Marta y Pablo son .... de Fernando.

9. Juan es el .... de Víctor y de Irene, María es su ....

10. Víctor es el .... de Juan y María; Irene es la .... de Juan y María. Irene y Eva son ....

B

Di cuál es la palabra correcta :

divorciado, separado, soltero, viudo, casado

1. Una persona que nunca ha tenido mujer o marido, está ....
2. Una persona que sí tiene mujer o marido, está ....
3. Una persona que tenía mujer o marido pero que se le murió, está ....
4. Una persona que tiene mujer o marido pero no vive con él o ella, está ....
5. Una persona que tenía mujer o marido pero ya no lo tiene legalmente y podría tener otro, está ....

C

Completa correctamente cada frase con la preposición más adecuada :

entre, para, en, a, con, de, desde, por

- Mis padres viven .... Madrid .... hace 13 años.
- Esta tarde iré .... mi padrino al cine.
- .... las mañanas siempre doy un beso .... mi madre.
- Este regalo es .... mi abuela.
- Mi cuñado es .... Inglaterra. Nació en un ciudad situada .... Londres y Brighton.

D

¿Puedes decir sustantivos derivados de estos verbos?

separar	....	casar	....
declarar	....	anular	....
bautizar	....	adoptar	....

¿De cuál de los sustantivos sería "boda" un sinónimo ¿Conoces otro más? ....

¿Qué significado tiene la palabra *mujer* en las siguientes frases?:

- Es una mujer con mucha personalidad.
- La mujer de mi tío es periodista.
- Pero ¡mujer! quítate el abrigo, hace mucho calor.

E

Escoge la palabra más adecuada para completar la frase :

parientes, yerno, declararse, marido, bautizar, boda, bendecir,
por lo civil, familia numerosa, adoptar

1. Esta tarde se casa mi hermano. La .... es a las cinco.
2. El marido de mi hija es mi ....
3. El cura va a .... a los novios.
4. Mis padres no son creyentes, solamente se casaron ....
5. Todas las personas de mi familia son mis ....
6. Tienen cuatro hijos, por eso son ....
7. Aún no le ha dicho que le quiere pero esta tarde va a ....
8. Van a .... a mi sobrina, se llamará Eva.
9. No tienen hijos pero quieren .... uno.
10. Inteligente, guapo, cariñoso y responsable, así será mi ....

F

Ordena adecuadamente las letras y verás 5 palabras del vocabulario :

SEORGU	_ _ _ _ _	Es el padre de mi marido.
ERMJU	_ _ _ _ _	Está casada conmigo.
IAJODAH	_ _ _ _ _ _ _	Soy su madrina.
BNOSROI	_ _ _ _ _ _	Es el hijo de mi hermana.
ANERU	_ _ _ _ _	Es la mujer de mi hijo.

EXPRESIONARIO

■ Forma una frase contraria a *No me entiendo bien con mi familia.*
¿Qué eliges : *"llevarse bien"* o *"comprender"*.

■ ¿A quién se le llama *"solterón/a"*?

¿Qué es ser *hijo único*?

■ Con una palabra de las expresiones anteriores podrás completar el siguiente refrán :

Cuarenta años y .... ¡Qué suerte tienes ladrón!

■ ¿Sabrías qué quieren decir frases como :

El casado casa quiere
De tal palo tal astilla
Boda y mortaja del cielo bajan?

¡Vamos a hablar!

¿Cuántos hermanos tienes? ¿Son mayores o menores que tú?

¿Preferirías ser hijo único o tener familia numerosa? Explica las razones.

¿Viven tus abuelos? ¿Viven solos o con tu familia?

¿Tienes padrinos? ¿Quiénes son?

¿Te gustaría casarte? ¿Cómo debería ser tu marido o tu mujer?

¿Qué tipo de personas te gustan?

¿Cuántos hijos te gustaría tener? ¿Por qué?

Di las personas que componen tu familia.

¿Cómo te llevas con tu familia? ¿Con quién te llevas mejor? ¿y peor?

El presidente o rey de una nación ¿debe estar casado o soltero? ¿por qué?

¿Hay en tu país el mismo uso de los apellidos que en España?

Situaciones

Estamos *en familia*: tus dos cuñadas no se llevan bien; explícanos a qué crees que se debe.

Estás enamorado/a de un/a chico/a que no te hace caso ¿Qué haces?

Te ha invitado a su casa un pariente, pero no te agrada su forma de ser ¿Cómo actúas?

Tienes que organizar un debate en tu clase sobre la estructura familiar. Haz una lista con puntos a favor y en contra. Luego haz una breve introducción oral al tema.

4

¿Ropa formal o informal?

- abrigo (el)
- anillo (el)
- camisa (la)
- bañador (el)
- blusa (la)
- bolsillo (el)
- botas (las)
- botones (los)
- bragas (las)
- bufanda (la)
- calcetines (los)
- calzoncillos (los)
- camisón (el)
- cinturón (el)

- collar (el)
- corbata (la)
- cuello (el)
- chaleco (el)
- chaqueta (la)
- dependiente/a (el/la)
- falda (la)
- gorra (la)
- grandes almacenes (los)
- guantes (los)
- impermeable (el)
- medias (las)
- pendientes (los)
- pijama (el)

- planta (la)
- pulsera (la)
- precio (el)
- rebajas (las)
- sección (la)
- sombrero (el)
- talla (la)
- tienda (la)
- traje (el)
- vestido (el)
- zapatos (los)
- zapatillas (las)

Ejercicios

A

Encuentra en el vocabulario 3 clases de calzado, 3 prendas que normalmente se utilizan en invierno, 4 objetos de adorno y 6 palabras que te ayudarán en tus compras.

....

....

...

Identifica cada dibujo con la expresión adecuada :

de rayas,   liso   de cuadros,   estampado

B

Relaciona cada palabra con el tejido más apropiado :

1. pantalón   a. seda
2. camisa   b. lana
3. pañuelo   c. pana
4. jersey   d. algodón

C

Explica qué es :

- una percha ....
- un probador ....
- una ganga ....
- un botón ....
- una etiqueta ....
- un espejo ....

¿Dónde puedes encontrarlos todos? ....

D

Señala la palabra que corresponde a cada definición o el término semejante :

1. tiras para sujetar los pantalones	a. sastre
2. pieza del zapato que lo levanta	b. manchado
3. persona que hace los trajes	c. estrecho
4. armario para la ropa	d. tirantes
5. prenda impermeable a la lluvia	e. tacón
6. apretado	f. ropero
7. sucio	g. gabardina

E

Cada uno de los siguientes verbos, relacionados con la ropa y la acción de ir de compras, tiene una vocal que no corresponde. ¿Puedes encontrar el error y decir la forma correcta?

llavar	escager.........................	vistirse ....
desteñer	mararse	arrogar ....
pinerse	quetarse.....................	prebarse ....

F

Escribe una frase con los siguientes grupos de palabras :

elegante / abrigo / de piel...

cómodo/ traje / sentar bien...

de rayas / chaleco/ de moda..

vaqueros / excursión / desteñido...

talla / sección / pijama..

lleno de gente / barato / desorganizado..

caro / seda / bufanda...

■ ¿Estás de acuerdo en que *el hábito hace al monje*? ¿Y en que *aunque la mona se vista de seda mona es y mona se queda*?

....

■ Preocupados por el aspecto decimos, por ejemplo:

• *Esto está de moda / pasado de moda.*

Di dos prendas de vestir que estén de moda ahora ....,

y una que esté pasada de moda..

• *Le queda muy bien / le sienta muy bien.*

El color azul no me sienta bien/ el color azul no me queda bien

El café no me sienta bien pero ¡cuidado!/ *el café no me queda bien.*

• *Me sienta muy mal / me queda muy mal: me hace muy gordo/a, o muy delgado/a.*

■ *Sentar , sentir* ¿**Puedes encontrar las diferencias de sentido en estas frases?**

• Natalia, sienta bien a tu hermano en la silla que se va a caer.

• Te sienta de maravilla ese pantalón.

• No sienta que se haya roto el jarrón; era muy feo.

¡Vamos a hablar!

¿Qué tipo de ropa te gusta, *formal o informal*?
¿Te gusta vestir elegante o deportivo?

¿Qué llevas puesto ahora?

Si tienes una entrevista
de trabajo
¿Qué te pones?

¿Es importante la forma
de vestirse una persona?

¿Qué ropa llevas
en invierno?
¿Y en verano?

¿Puedes definir a una persona
por la ropa que lleva? ¿Por qué?

¿Qué compras en los grandes
almacenes? ¿Compras en tiendas
pequeñas? ¿Dónde te gusta ir?

¿Te pruebas la ropa o compras
mirando la talla solamente?

¿Te gusta comprar
en las rebajas? ¿Por qué
sí? ¿Por qué no?

¿Qué te parece la actual "manía"
de la ropa de marca?

¿Cada cuánto tiempo
te compras ropa?
¿Te gastas mucho dinero?

Situaciones

Y ahora "de compras", dice el guía de una excursión para informar que hay tiempo libre para comprar recuerdos, ropa, etc. Tú eres el guía, informa.

Quieres cambiar una camisa que no te queda bien ¿Qué haces? ¿Qué le dices al dependiente? ¿Qué te pregunta?

Vas a conocer a una persona famosa ¿Cómo te vistes?

Vas al campo este fin de semana ¿Qué ropa piensas llevar? Describe el contenido de tu maleta.

Estás en un desfile de modas: describe a dos modelos -hombre y mujer-.

¿Qué tiempo hará mañana?

- amanecer (el)
- anochecer (el)
- arco iris (el)
- atmósfera (la)
- brisa (la)
- calor (el)
- clima (el)
- grados (los)
- granizo (el)
- helada (la)
- hielo (el)
- humedad (la)

- huracán (el)
- invierno (el)
- inundación (la)
- luna (la)
- lluvia (la)
- marea (la)
- niebla (la)
- nieve (la)
- nube (la)
- otoño (el)
- presión (la)
- primavera (la)

- pronóstico (el)
- rayo (el)
- relámpago (el)
- sol (el)
- temperatura (la)
- termómetro (el)
- terremoto (el)
- tormenta (la)
- verano (el)
- viento (el)

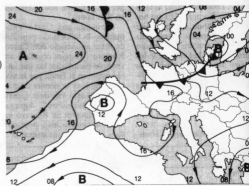

Ejercicios

A

Busca en el vocabulario palabras adecuadas para continuar las series :

primavera, verano, ...   rayo, trueno, ...

lluvia, nieve, ...   terremoto, inundación, ...

grados, temperatura, ...   día, noche, ...

B

Completa las siguientes frases con el verbo más apropiado :

nevar, granizar, helar, llover

1. Generalmente cuando .... utilizamos el paraguas.

2. Si la temperatura del agua es inferior a cero grados se ....

3. Para poder esquiar es necesario que .... mucho.

4. Cuando caen bolas de agua helada con fuerza decimos que ....

C

Húmedo, hermoso, desértico, soleado, florido, templado, lluvioso, ventoso.

1. ¿Qué adjetivos escogerías para oponer a?

    seco ....

    tropical ....

    nublado ....

2. Completa el siguiente refrán. En la lista tienes los adjetivos adecuados.

    Marzo .... y abril .... hacen a mayo .... y ....

D

¿Es verdadero o falso?

1. La nieve cae en forma de copos.
2. Normalmente en Londres hay mucha niebla.
3. El huracán es un viento suave.
4. Con el termómetro es posible conocer la velocidad del viento.
5. Un maremoto es un terremoto marino.

E

Escoge la palabra más adecuada para completar la frase :

trueno, pronóstico, brisa, meteorología, marea, rocío, nube,
arco iris, granizo, tormenta

1. El cielo estaba muy oscuro y lleno de ....

2. A las 5 de la mañana generalmente se puede ver .... en la hierba.

3. .... es un viento suave y agradable que sopla en las ciudades de la costa.

4. Primero vimos un rayo en el cielo y luego oímos el ....

5. Según la televisión el .... para mañana no es favorable.

6. En la orilla del mar puede verse cómo sube y baja la ....

7. Algunas veces cuando llueve y luego sale el sol podemos ver el ....

8. Cuando hay truenos, rayos y relámpagos se dice que hay una ....

9. La lluvia fuerte y de forma helada se llama ....

10. La ciencia que estudia el tiempo es la ....

Indica verbos o adjetivos relacionados con las siguientes palabras y escribe una frase con cada uno de ellas.

inundación, trueno, predicción, calor, frío

....

....

....

....

....

....

....

....

EXPRESIONARIO

■ *Hace frío, calor, sol, viento.* Pero, en cambio, decimos, *llueve, nieva.*

■ Es muy coloquial decir :

- *Hace un frío que pela.*
- *Llueve a cántaros.*

¿Sabes qué significan?

....

....

■ Si hace un calor sofocante, con o sin viento caliente, *hace bochorno.*

Estamos a 45° ¡Qué bochorno!

Pero, mira: Se me han roto los pantalones en el escenario, ¡Qué bochorno!

¿Es lo mismo?

¡Vamos a hablar!

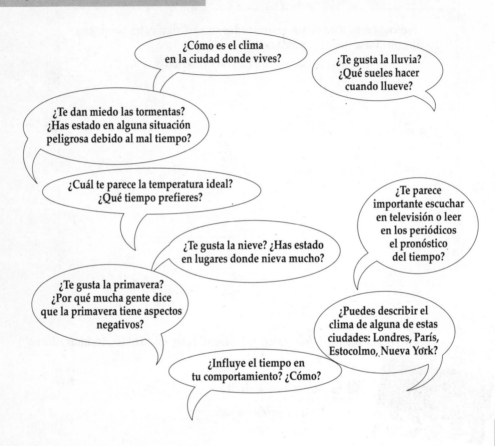

¿Cómo es el clima en la ciudad donde vives?

¿Te gusta la lluvia? ¿Qué sueles hacer cuando llueve?

¿Te dan miedo las tormentas? ¿Has estado en alguna situación peligrosa debido al mal tiempo?

¿Cuál te parece la temperatura ideal? ¿Qué tiempo prefieres?

¿Te parece importante escuchar en televisión o leer en los periódicos el pronóstico del tiempo?

¿Te gusta la nieve? ¿Has estado en lugares donde nieva mucho?

¿Te gusta la primavera? ¿Por qué mucha gente dice que la primavera tiene aspectos negativos?

¿Puedes describir el clima de alguna de estas ciudades: Londres, París, Estocolmo, Nueva York?

¿Influye el tiempo en tu comportamiento? ¿Cómo?

Situaciones

Vas a salir de viaje y quieres saber *qué tiempo hará mañana*, llama al servicio de información y cuéntanos qué te han dicho.

Estás de excursión en unas montañas y de repente comienza una terrible tormenta con truenos y relámpagos ¿Qué haces?

Vives en una ciudad muy fría y vas a mudarte a otra donde hace muchísimo calor, ¿Cómo te preparas?

En vacaciones piensas ir a un lugar con nieve ¿Adónde irás? Describe el sitio.

6

La casa de mis sueños

- alfombra (la)
- almohada (la)
- apartamento (el)
- armario (el)
- bañera (la)
- batidora (la)
- biblioteca (la)
- buhardilla (la)
- cama (la)
- casa (la)
- cocina (la)
- cojín (el)
- colcha (la)
- comedor (el)
- cómoda (la)
- cortinas (las)
- cuadro (el)
- cuarto de baño (el)
- cuarto de estar (el)

- despacho (el)
- dormitorio (el)
- ducha (la)
- escalera (la)
- escritorio (el)
- espejo (el)
- estantería (la)
- garaje (el)
- jardín (el)
- lámpara (la)
- lavabo (el)
- lavadora (la)
- lavaplatos (el)
- manta (la)
- mesa (la)
- mesilla (la)
- nevera (la)
- pared (la)
- pasillo (el)

- patio(el)
- persiana (la)
- piso (el)
- planta baja (la)
- portal (el)
- recibidor (el)
- sábanas (las)
- salón (el)
- silla (la)
- sillón (el)
- sofá (el)
- sótano (el)
- suelo (el)
- techo (el)
- tejado (el)
- terraza (la)
- toalla (la)
- tostadora (la)
- ventana (la)

Ejercicios

A

Busca en el vocabulario las palabras que pertenecen a los siguientes grupos :

habitaciones: ....

muebles: ....

ropa de casa: ....

electrodomésticos: ....

B

Explica las diferencias entre :

apartamento, piso, chalet, estudio

....

....

C

Di en qué lugar o lugares de la casa encontrarías :

- un grifo ....
- un fregadero ....
- un peso/una báscula ....
- un lavabo ....
- una mesilla ....

D

Completa las frases con el verbo más adecuado :

amueblar, construir, colgar, diseñar

1. Tengo que .... los cuadros en la pared del salón.

2. Sus amigos quieren .... una casa en ese lugar.

3. La casa está vacía, ahora hay que ....

4. Mi hermano es arquitecto, él .... su propia casa.

E

Señala la palabra que corresponde a cada definición o el término semejante :

1. cemento	a. elevador para subir a un piso
2. ascensor	b. alfombra que cubre todo el suelo
3. tiesto	c. cuarto donde se almacenan cosas que no se usan
4. vivienda	d. maceta, recipiente donde se crían plantas
5. moqueta	e. donde se juntan dos paredes
6. trastero	f. material de construcción
7. rincón	g. lugar para habitar

F

Escribe una frase original con los siguientes grupos de palabras :

ascensor/escalera/romperse ....

parque/dar/habitaciones ....

diseñar/piso/caro ....

despacho/casa/construir ....

jardín/terraza/apartamento ....

cortina/persiana/poner ....

cemento/material/pared ....

■ Referente a la vivienda decimos, p. ej.:

- *Es unifamiliar/es una casa de pisos.*
- *Es comprada/es alquilada.*
- *Es modesta/es de lujo.*
- *Es exterior = da a la calle/es interior = no da a la calle.*
- *Está bien distribuida/está mal distribuida.*

¿Qué expresión o expresiones podrías utilizar?

Está en la habitación de un hotel desde cuya ventana se ve la avenida principal. Su habitación ....

■ **¿Puedes explicar el sentido del refrán "Casa con dos puertas, mala de guardar"?**

¡Vamos a hablar!

¿Dónde vives, en una casa o en un piso? ¿Cómo es?

Describe tu habitación. ¿Es exterior o interior? ¿Qué muebles tienes en ella?

Menciona los utensilios y muebles que hay en tu cocina.

Quieres amueblar tu casa ¿Qué muebles pondrías en cada habitación?

¿Qué parte de la casa te parece más importante? ¿Por qué?

¿Has visitado o conoces la casa de alguna persona famosa? ¿Cómo era?

¿Prefieres vivir en un piso en el centro de la ciudad o en una casa a las afueras? ¿Qué ventajas o desventajas existen?

¿Has estado en algún hotel de lujo? ¿Cómo era la habitación? ¿Y el cuarto de baño?

Describe cómo son las casas de 3 ciudades diferentes que conoces.

En el lugar donde vives actualmente ¿qué partes utilizas más, y a qué se debe?

Situaciones

Estás en un concurso de T.V. a punto de ganar *"la casa de tus sueños"*. Descríbela.

Invitas a un amigo a tu casa y debes preparar su habitación ¿Qué cosas necesitas poner u ordenar?

Quieres reservar por teléfono una habitación en un hotel que no conoces ¿Qué le preguntas al recepcionista?

Te regalan una casa que tiene 50 años y quieres vivir en ella ¿Qué haces? Describe cómo es ahora y cómo será después.

Un concierto inolvidable

- acordeón (el)
- amplificador (el)
- armónica (la)
- arpa (el)
- baile (el)
- batería (la)
- batuta (la)
- canción (la)
- cantante (el)
- casete (la)
- cascos (los)
- castañuelas (las)
- clarinete (el)
- contrabajo (el)

- coro (el)
- cuerda (la)
- director (el)
- disco (el)
- dúo (el)
- escenario (el)
- flauta (la)
- grupo (el)
- guitarra (la)
- maracas (las)
- micrófono (el)
- órgano (el)
- orquesta (la)
- pandereta (la)

- partitura (la)
- piano (el)
- pieza (la)
- platillos (los)
- ritmo (el)
- solista (el)
- tambor (el)
- teclas (las)
- trombón (el)
- trompeta (la)
- violín (el)
- violoncelo (el)

Ejercicios

A

Entre las palabras del vocabulario señala 3 instrumentos de cuerda, 3 de viento, 3 de percusión y 3 términos relacionados con un equipo musical.

....

....

....

B

Relaciona cada país con un tipo de música :

1. España   a. el tango
2. México   b. el jazz
3. Austria   c. el flamenco
4. Estados Unidos d. los corridos
5. Argentina   e. los coros

C

Completa las siguientes frases con el verbo que corresponde :

tocar, grabar, aplaudir, interpretar, afinar

1. Los Beatles .... más de 30 discos.
2. Antes de empezar el concierto los músicos .... sus instrumentos.
3. Mi hermano .... el piano y la flauta.
4. Después de la actuación, el público .... durante más de cinco minutos.
5. La orquesta .... la sinfonía nº 1 de Beethoven.

D

Di palabras derivadas de :

grabar .... melodía ....

disco .... arte..

ritmo .... acto...

instrumento ....

E

Escoge la palabra más adecuada para completar la frase :

teclas, escenario, partitura, compositor, micrófono, violín,
festival, zapateo, solista, coro

1. El director de orquesta no podía dirigir porque le faltaba la ....
2. El lugar donde un cantante canta es el ....
3. El .... es una característica del baile flamenco.
4. La persona que escribe la música es el ....
5. El acordeón y el piano son instrumentos que tienen ....
6. Para que a un cantante se le oiga bien debe utilizar ....
7. El .... es un instrumento de cuerda.
8. Es un concierto para piano y orquesta. El .... es Henry Smith.
9. Un espectáculo en que participan diferentes cantantes o grupos se denomina ....
10. Un conjunto organizado de cantantes se llama ....

¿Qué instrumento es? Sólo faltan consonantes. Todos ellos están en el vocabulario :

_ a _ _ e _ e _ a	acompaña los villancicos
o _ _ a _ o	es frecuente verlo en las iglesias
a _ _ a	instrumento de cuerda
_ _ o _ _ e _ a	instrumento de viento
a _ o _ _ e o _	tiene teclas pero no es ni el piano ni el órgano
_ a _ _ a _ ue _ a _	acompaña canciones y bailes españoles

- *Tener una voz magnífica/tener mala voz.*
- *Hacer gallos.*
- *Seguir el ritmo/perder el compás.*
- *Esa guitarra, piano, etc. está desafinado.*

Las palabras gallo y música están relacionadas ¿Sabes qué quiere decir *en menos que canta un gallo?*

¿Se dice también en tu idioma que *la música amansa a las fieras?*

¿Qué te estarán dando a entender si te dicen que *pareces un disco rayado?*

¿Y qué es, en sentido figurado, *perder el compás?*

¿Conoces la expresión *tocar la flauta por casualidad?* Si lo sabes, cuenta su origen.

¡Vamos a hablar!

¿Qué tipo de música te gusta? ¿Prefieres la música clásica o la moderna?

¿Qué crees que es más importante, la música o las letras de las canciones?

¿Cuál es tu cantante favorito? ¿Cómo es la música que interpreta?

¿Qué discos tienes en tu casa? ¿Compras discos a menudo?

¿Conoces algún cantante español o latinoamericano? ¿Crees que canta bien o mal?

¿Qué piensas de grupos tan famosos como los Beatles, los Rolling Stones, los Bee Gees, etc.? ¿Por qué han tenido tanta fama?

Cuando vas a oír música a un bar ¿Qué tipo de música prefieres: Jazz, blues, melódica, rock, etc.? ¿Por qué?

¿Sabes tocar algún instrumento? ¿Cuál? ¿Practicas frecuentemente?

¿Cuál es tu orquesta favorita? ¿Por qué? ¿Dónde la has oído tocar?

¿Crees que hay ahora un especial interés popular por la ópera? ¿Cómo lo explicas?

¿Qué es más importante: un buen director o una buena orquesta? ¿Cuándo fuiste recientemente a un concierto? ¿Qué oíste?

Situaciones

Tienes que preparar *un concierto inolvidable*. Haz tu elección y justifícala.

Sabes tocar algún instrumento y en una fiesta te dicen que toques ¿Qué harías? ¿Qué pieza escogerías?

Has ido a escuchar un concierto de música rock y todo ha sido un desastre, sin embargo tu entrada costó mucho dinero ¿Cómo actúas?

Debes comprar un disco como regalo para un amigo ¿Qué tipo de música elegirás? ¿Qué cantante o conjunto?

Necesitas un coche nuevo

- aceite (el)
- acelerador (el)
- aire acondicionado (el)
- aparcamiento (el)
- asientos (los)
- autopista (la)
- autovía (la)
- baca (la)
- batería (la)
- bujías (las)
- capó (el)
- carburador (el)
- carretera (la)
- cinturón de seguridad (el)
- circuito del agua (el)
- claxon (el)
- correa del ventilador (la)
- cuentakilómetros (el)
- destornillador (el)
- embrague (el)
- faros (los)
- freno (el)
- gasolina (la)
- gasolinera (la)
- gato (el)
- guantera (la)
- humo (el)
- intermitente (el)
- lata (la)
- limpiaparabrisas (el)
- llave inglesa (la)
- maletero (el)
- marchas (las)
- matrícula (la)
- motor (el)
- motor de arranque (el)
- multa (la)
- parabrisas (el)
- parachoques (el)
- peaje (el)
- puerta (la)
- quitasoles (los)
- retrovisor (el)
- rueda (la)
- rueda de repuesto (la)
- tapa (la)
- tráfico (el)
- tornillos (los)
- tubo de escape (el)
- ventanilla (la)
- volante (el)

Ejercicios

A

Indica 5 piezas relacionadas con el funcionamiento del coche, 3 elementos exteriores, 3 interiores y 3 herramientas.

....

....

....

....

....

B

Encuentra la palabra más apropiada para completar la frase :

1. semáforo
2. chocar
3. limpiaparabrisas
4. repuesto
5. mecánico
6. baca

a. Coloca la bicicleta en la ......
b. Es muy buen .....; entiende mucho de coches
c. ¿Llevas bujías de .....?
d. Si giras vamos a .....
e. Lleva usted los cristales sucios ¿por qué no pone el .....?
f. Nos han puesto una multa por saltarnos un .....

¿Sabes decirlo de otro modo?:

chófer ....   neumático ....

propietario ....   claxon ....

girar ....

C

Escoge un antónimo para cada palabra y escribe frases con ellas :

rapidez ....   frenar   ....

acelerar ....   vacío   ....

quitar ....   desabrochar   ....

parar ....   lentitud   ....

abrochar ....   estropear   ....

arreglar ....   arrancar   ....

lleno ....   poner   ....

D

Hay dos verbos que no están relacionados con acciones en los automóviles ¿Cuáles son?:

conducir, cambiar, arreglar, aparcar, dividir, pinchar, revisar, desinflar, engrasar, anunciar, derrapar

....

¿Qué significan las siguientes frases? Escoge entre las dos opciones :

1. *A ese chico le falta un tornillo*

    a. Esa persona necesita un tornillo.
    b. Esa persona está un poco loca.

2. *Toma el gato, debes cambiar una rueda*

    a. Que necesita una herramienta para poner otra rueda.
    b. Que los gatos son animales muy útiles.

3. *Déjame solo, no me des la lata*

    a. No quiero que me molestes más.
    b. No quiero que me des una lata.

¿Es verdadero o falso?

1. El cristal delantero del coche se llama parabrisas.

2. El humo sale por el volante.

3. El cuentakilómetros mide la velocidad.

4. El retrovisor sirve para observar si vienen coches por detrás.

5. El intermitente indica el nivel del aceite.

6. En las autopistas se suele pagar el peaje.

7. Con el hielo los coches pueden derrapar.

EXPRESIONARIO

■ Explica el significado de estas expresiones :

   • *Se ha pinchado una rueda.*

   • *Tengo que revisar el nivel del aceite.*

   • *Poner el coche a punto.*

■ Hablamos de *pinchar* en un examen, de *hacer una puesta a punto* de una cuestión, de *frenar* si vamos muy lanzados en algún asunto o de que *falla la carrocería o el motor* según la edad se nos refleja en achaques externos o internos.
¿Está incorporado también en tu idioma el lenguaje del automóvil?

¡Vamos a hablar!

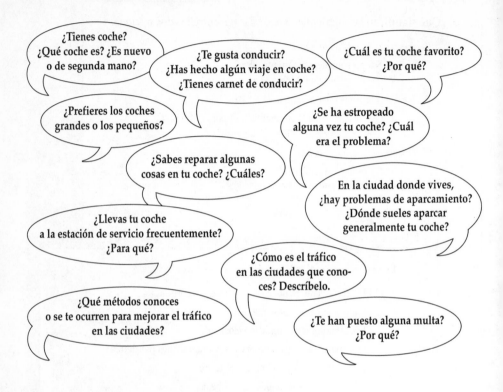

¿Tienes coche?
¿Qué coche es? ¿Es nuevo
o de segunda mano?

¿Te gusta conducir?
¿Has hecho algún viaje en coche?
¿Tienes carnet de conducir?

¿Cuál es tu coche favorito?
¿Por qué?

¿Prefieres los coches
grandes o los pequeños?

¿Se ha estropeado
alguna vez tu coche? ¿Cuál
era el problema?

¿Sabes reparar algunas
cosas en tu coche? ¿Cuáles?

En la ciudad donde vives,
¿hay problemas de aparcamiento?
¿Dónde sueles aparcar
generalmente tu coche?

¿Llevas tu coche
a la estación de servicio frecuentemente?
¿Para qué?

¿Cómo es el tráfico
en las ciudades que cono-
ces? Descríbelo.

¿Qué métodos conoces
o se te ocurren para mejorar el tráfico
en las ciudades?

¿Te han puesto alguna multa?
¿Por qué?

Situaciones

Necesitas un coche nuevo y vas a ver modelos a una casa de coches. Describe lo que buscas.

Vas a hacer un largo viaje y debes poner tu coche a punto ¿Qué cosas haces?

Vas en autopista a toda velocidad y te das cuenta de que el freno no funciona. ¿Cómo resuelves esta situación?

Se te ha pinchado una rueda. Menciona todo lo que haces para poner la rueda de repuesto.

Tu coche necesita una revisión a fondo que resulta muy cara: plantea a tu padre o a otra persona que te hace falta una ayuda económica.

¿Ser o no ser...?

- abogado (el)
- actor (el)
- actriz (la)
- albañil (el)
- arquitecto (el)
- astronauta (el)
- azafata (la)
- bombero (el)
- brocha (la)
- camarero (el)
- carpintero (el)
- cartero (el)
- cocinero (el)
- cuchillo (el)
- director (el)
- electricista (el)
- empleado (el)
- empresario (el)

- enfermera (la)
- farmacéutico (el)
- fontanero (el)
- guardaespaldas (el)
- juez (el)
- locutor (el)
- madera (la)
- manguera (la)
- marinero (el)
- máquina de escribir (la)
- martillo (el)
- médico (el)
- modisto (el)
- músico (el)
- panadero (el)
- paro (el)
- peluquero (el)
- periodista (el)

- piloto (el)
- pincel (el)
- pizarra (la)
- plano (el)
- policía (el)
- portero (el)
- profesor (el)
- psicólogo (el)
- salario (el)
- salvavidas (el)
- silbato (el)
- taxista (el)
- tractor (el)
- vendedor (el)
- veterinario (el)
- zapatero (el)

Ejercicios

A

De las palabras del vocabulario escoge 5 profesiones que exigen estudios universitarios, 5 profesiones manuales y 3 profesiones arriesgadas .

....

...

B

Indica algún objeto que se utiliza en las siguientes profesiones. Encontrarás los términos en el vocabulario :

secretaria ....

bombero ....

guardia ....

pintor ....

campesino ....

carnicero ....

C

Completa las siguientes frases con el verbo más apropiado :

contratar, cultivar, repartir, dirigir, escribir a máquina

1. El cartero .... las cartas en todos los buzones.
2. Este año los campesinos .... demasiadas patatas.
3. El director .... a tres nuevos empleados.
4. Una buena secretaria debe saber ....
5. Además del semáforo, hay un guardia que .... el tráfico.

D

Forma frases originales con los siguientes pares de palabras :

psicólogo/empleado ....

actor/periodista ....

juicio/abogado ....

repartir/correo ....

riesgo/oficio ....

atractivo/desagradable ....

E

Escoge la palabra más adecuada para completar la frase :

candidato, contabilidad, entrevista, presupuesto, público, informe,
sueldo, audiencia, payaso

1. La persona que hace reír a los niños es un ....
2. Ese trabajo me gusta pero ofrecen un .... muy pequeño.
3. El juez concedió una .... al acusado.
4. Para conseguir ese puesto se necesitan muy buenos ....
5. Antes de encargar un trabajo al fontanero le pediré ....
6. Es estudiante de económicas y por eso lleva la .... de esa empresa.
7. El director realizó una .... a todos los que solicitaron el empleo.
8. El cantante se alegraba de ver a tanto ....
9. El vicepresidente del gobierno es el mejor .... para la presidencia.

¿De qué profesión se trata? Sólo faltan consonantes :

_ o _ _ a _ e _o	arregla y cambia los grifos
_ o _ u _ o _ .	trabaja en la televisión o en la radio
a_ _a _ i _	trabaja en la construcción
_ ua _ _ ae _ _ a _ _ a _	siempre va con otra persona
a_ _ _ o _ au _ a	va al espacio

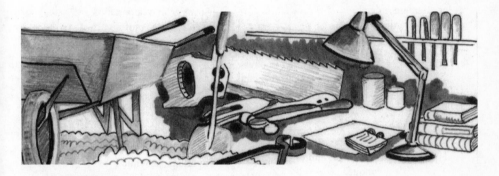

■ Explica el significado de las siguientes expresiones y menciona 3 ejemplos donde las utilices :

- *Zapatero, a tus zapatos.*
- *El cliente siempre tiene la razón.*
- *Cada maestrillo tiene su librillo.*

■ Escoge entre las dos opciones las frases con el significado correcto :

1. *Estuvo un año en paro*

    a. Que estuvo quieto.
    b. Que no tenía trabajo.

2. *Es un problema de economía sumergida*

    a. Un asunto relacionado con el mundo acuático.
    b. Se trata de un negocio no declarado legalmente.

3. *Todos se quejan de que el sueldo no llega*

    a. No mandan el sueldo por correo.
    b. El dinero no es suficiente para vivir.

¡Vamos a hablar!

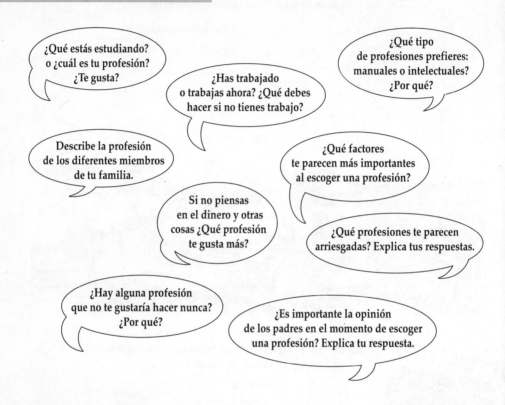

¿Qué estás estudiando? o ¿cuál es tu profesión? ¿Te gusta?

¿Qué tipo de profesiones prefieres: manuales o intelectuales? ¿Por qué?

¿Has trabajado o trabajas ahora? ¿Qué debes hacer si no tienes trabajo?

Describe la profesión de los diferentes miembros de tu familia.

¿Qué factores te parecen más importantes al escoger una profesión?

Si no piensas en el dinero y otras cosas ¿Qué profesión te gusta más?

¿Qué profesiones te parecen arriesgadas? Explica tus respuestas.

¿Hay alguna profesión que no te gustaría hacer nunca? ¿Por qué?

¿Es importante la opinión de los padres en el momento de escoger una profesión? Explica tu respuesta.

Situaciones

Has terminado tus estudios secundarios y debes escoger: *¿Ser o no ser ...* enfermera? ¿veterinario? ¿periodista? etc. Decídete por una y razona por qué.

La niña está durmiendo en su cuna y sus padres hablan de lo que podrá llegar a ser en el futuro. Haznos oír qué dice la madre y qué dice el padre.

Quieres conseguir un trabajo de secretaria en una empresa muy importante ¿Qué le dices al director?

Buscas un carpintero para hacer los armarios de tu casa ¿Qué preguntas le haces?

Explica a los empleados de tu empresa el recorte de salarios que tienes que llevar a cabo.

La pasión de viajar

- aduana (la)
- aeropuerto (el)
- agencia de viajes (la)
- asiento (el)
- autobús (el)
- avión (el)
- balanza (la)
- barco (el)
- billete (el)
- bolsa de mano (la)
- cambio (el)
- camping (el)
- capitán (el)
- carrito (el)

- estación (la)
- equipaje (el)
- hotel (el)
- impuestos (los)
- información (la)
- instrucciones (las)
- llegada (la)
- maleta (la)
- mostrador (el)
- pasaporte (el)
- pensión (la)
- periódico (el)
- postal (la)
- puerta de embarque (la)

- puerto (el)
- reserva (la)
- retraso (el)
- revisor (el)
- revista (la)
- saco de dormir (el)
- sala de espera (la)
- salida (la)
- tienda de campaña (la)
- tren (el)
- velocidad (la)
- vías (las)
- vuelo (el)

Ejercicios

A

Selecciona 3 palabras del vocabulario relacionadas con un viaje en tren, otras 3 con un viaje en avión y otras 3 con la preparación de un viaje.

....

....

....

¿Con qué 2 palabras del vocabulario relacionarías estos términos : *de ida y vuelta, media o completa*?

....

B

Pon la preposición más adecuada :

1. Siempre que monto .... tren me mareo.

2. Necesito un billete .... avión para el martes.

3. Viajo .... toda mi familia.

4. La llegada se realizará .... las tres de la tarde.

5. .... ir a EE.UU. se necesita pasaporte.

C

Relaciona cada palabra con una definición o un término similar :

1.	folleto	a.	garantía
2.	extranjero	b.	natural del país
3.	paisaje	c.	dinero de un país
4.	costumbre	d.	billete
5.	guía	e.	panorama, vista
6.	seguro	f.	dormitorio de barco
7.	moneda	g.	hábito
8.	pasaje	h.	persona o lugar que no es del país del que se habla
9.	nativo	i.	libro informativo de pocas páginas
10.	camarote	j.	persona que enseña una ciudad a los turistas

D

Escribe una frase combinando las siguientes palabras :

lugar/ciudad/belleza ....

camarote/tranquilo/viaje ....

costumbre/país/sentimiento ....

dinero/cambiar/posibilidad ....

avión/agencia/reserva ....

monumento/coche/visitar ....

Une las palabras de las dos columnas ¿Qué relación hay entre ellas?:

preguntar .... antiguo

libre .... deshabitado

perder .... ocupado

montañoso .... informar

moderno .... continente

habitado .... liso

isla .... encontrar

F

Hay un verbo que no está relacionado con los viajes ¿Puedes encontrarlo?:

reservar, facturar, marearse, viajar, desarrollar, confirmar, esperar

....

- *Salir en punto/a la hora.*
- *Llegar o salir con mucho retraso.*
- *Llegar antes de tiempo.*
- *Tiene que pagar por exceso de equipaje.*
- *No tengo nada que declarar.*

¿En qué lugar o lugares oirías las expresiones anteriores?

¿Cuándo te podrían decir que "*no por mucho madrugar amanece más temprano*"?

¡Vamos a hablar!

¿Te gusta viajar?
¿En qué medio de transporte
prefieres viajar? ¿Por qué?

¿Has tenido que pagar
alguna vez por exceso de equipaje?
¿Cuándo?

¿Cuando viajas llevas
mucho o poco equipaje? ¿Por qué?
¿Qué cosas te parecen necesarias?

¿Adónde te gustaría
viajar? ¿Por qué? ¿Cómo
harías ese viaje?

¿Te mareas en algún medio
de transporte?

¿Qué haces cuando
tienes que esperar en un aeropuerto?

¿Has tenido algún
problema en las aduanas?
¿Por qué?

¿Has estado alguna vez de camping?
¿En dónde? ¿Prefieres ir a hoteles o de camping?
¿Por qué?

Menciona varios lugares
de todo el mundo que conoces,
¿cómo viajaste para ir a ellos?

Situaciones

Viajar es tu pasión, por eso vas
a una agencia de viajes para explicar
al empleado dónde y cómo quieres viajar.
Déjanos oír tu conversación.

Vas en tren y te has pasado de estación.
¿Qué haces? ¿Qué respondes cuando
te pregunta el revisor?

En la aduana ven que llevas demasiadas
botellas de licor ¿Qué le dices al agente?

Las ventajas de viajar en tren,
por ejemplo, es el tema de tu disertación
oral ¡Veamos qué dices!

Una postal que echaste al buzón
en tus vacaciones de verano ha llegado
hoy, día de Navidad. Vas a correos
y pides una explicación.

Por calles y plazas

- acera (la)
- autobús (el)
- ayuntamiento (el)
- bancos (los)
- barrio (el)
- calle (la)
- campo (el)
- carnicería (la)
- cine (el)
- ciudad (la)
- correos
- cruce (el)
- droguería (la)
- escaparate (el)

- estanco (el)
- farmacia (la)
- farol (el)
- fuente (la)
- heladería (la)
- iglesia (la)
- joyería (la)
- metro (el)
- museo (el)
- panadería (la)
- papelera (la)
- parada (la)
- parque (el)
- paso de peatones (el)

- pastelería (la)
- peluquería (la)
- pescadería (la)
- plaza (la)
- pueblo (el)
- quiosco de periódicos (el)
- semáforo (el)
- señales de tráfico (las)
- supermercado (el)
- teatro (el)
- tienda de modas (la)
- tiendas (las)
- torre (la)
- zapatería (la)

Ejercicios

A

Escoge del vocabulario 4 nombres de objetos que puedes encontrar en las calles, 3 de lugares de recreo y 5 de tiendas de alimentación.

....

....

....

....

....

B

Necesitas comprar las siguientes cosas ¿Adónde vas? Las palabras adecuadas están en el vocabulario :

una revista	....................,.................
sellos	....
una caja de aspirinas	....
detergente	....
una tarta de cumpleaños	....
una pulsera	....

C

¿Qué verbo de los que aquí se indican es más apropiado para completar la frase?

cruzar, pasear, mirar, visitar

1. Antes de comprar unos zapatos, ... los diferentes modelos en un escaparate.

2. Siempre .... la calle por un paso de peatones.

3. El año pasado .... el museo del Prado.

4. Los domingos la gente .... tranquilamente por el parque.

D

Identifica cada palabra con su definición :

1.	contaminación	a. calle ancha
2.	valla	b. pasar un vehículo por encima de una persona
3.	zona	c. calle muy estrecha, a veces sin salida
4.	embotellamiento	d. cambiar de casa o de lugar
5.	ruido	e. parte de una ciudad, área
6.	avenida	f. lugar donde se echan las cartas
7.	callejón	g. pared baja hecha para proteger
8.	buzón	h. suciedad del aire en la ciudad, provocada por humos de coches, calefacción, etc.
9.	mudarse	i. sonido no armonioso, molesto
10.	atropellar	j. aglomeración de vehículos en un punto

Señala el término semejante y haz una frase con una o con las dos palabras de cada pareja que hayas formado :

antiguo	suelo
solitario	gente
pavimento	viejo
pintoresco	aislado
público	típico

F

¿De qué palabra se trata? Todas ellas se encuentran en el vocabulario :

a _ e _ a	lugar por donde se camina
e _ _ a _ a _ a _ e	lo tienen casi todas las tiendas
_ e _ a _ e _	dan información
_ a _ o _	relacionado con la luz
_ e _ a _ e _ ía	sitio donde se compran cosas dulces y frías
_ a _ _ o	lugar para sentarse

EXPRESIONARIO

- *Hay que hacer cola.*
- *Hay mucha contaminación.*
- *Es un sitio muy animado.*
- *Estoy de paso.*

Escoge las dos expresiones más adecuadas para terminar las frases :

No vivo en Madrid, sólo ....

Para sacar las entradas de ese espectáculo hay ....

Utiliza las otras dos expresiones en una sola frase .

¡Vamos a hablar!

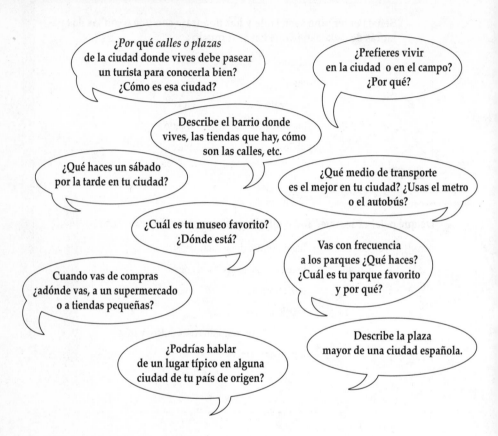

¿Por qué *calles o plazas* de la ciudad donde vives debe pasear un turista para conocerla bien? ¿Cómo es esa ciudad?

¿Prefieres vivir en la ciudad o en el campo? ¿Por qué?

Describe el barrio donde vives, las tiendas que hay, cómo son las calles, etc.

¿Qué haces un sábado por la tarde en tu ciudad?

¿Qué medio de transporte es el mejor en tu ciudad? ¿Usas el metro o el autobús?

¿Cuál es tu museo favorito? ¿Dónde está?

Vas con frecuencia a los parques ¿Qué haces? ¿Cuál es tu parque favorito y por qué?

Cuando vas de compras ¿adónde vas, a un supermercado o a tiendas pequeñas?

Describe la plaza mayor de una ciudad española.

¿Podrías hablar de un lugar típico en alguna ciudad de tu país de origen?

Situaciones

Un turista despistado se ha metido en un supermercado y pide sellos. Acude en su ayuda.

Tu amigo sólo puede estar un día en una gran ciudad que tu conoces muy bien. Hazle un plan para que conozca lo más importante.

Escribe una postal a tu familia y, brevemente, dile cómo es la ciudad que visitas.

Un partido impresionante

- atletismo (el)
- automovilismo (el)
- árbitro (el)
- baloncesto (el)
- balón-volea
- bate (el)
- béisbol (el)
- bicicleta (la)
- boxeo (el)
- campo (el)
- canasta (la)
- carreras (las)
- casco (el)
- ciclismo (el)
- cima (la)

- corredor (el)
- cuerda (la)
- estadio (el)
- esquiar
- esquís (los)
- equipo (el)
- falta (la)
- fútbol (el)
- gol (el)
- golf (el)
- golpe (el)
- guante (el)
- hípica (la)
- juego (el)
- juez de línea (el)

- jugador (el)
- montañismo (el)
- motociclismo (el)
- natación (la)
- partido (el)
- pelea (la)
- pico (el)
- pista (la)
- portería (la)
- portero (el)
- premio (el)
- raqueta (la)
- red (la)
- rugby (el)
- tenis (el)

Ejercicios

A

Mira las palabras del vocabulario y menciona 5 deportes en que se utiliza pelota, 5 deportes que no necesitan pelota y 5 objetos relacionados con la práctica de algunos deportes.

....

....

....

....

....

B

¿Sabes cómo se denomina a la persona que practica ...

ciclismo ....

fútbol ....

montañismo ....

boxeo ....

automovilismo ....

tenis ....

esquí ....

natación? ....

¿Y cómo se llama

el que gana ....

el que pierde ? ....

C

Hay dos verbos que no están relacionados con los deportes ¿Cuáles son?

practicar, jugar, tirar, ganar, redactar, montar, encestar, escalar, saltar, dibujar, empatar

....

D

Forma frases originales combinando las siguientes palabras :

fiesta/la final ....

equipo/árbitro ....

casco/partido ....

tenis/red ....

popularidad/jugador ....

centro del campo/disparar ....

ganar/liga ....

E

Escoge la palabra más adecuada para completar la frase :

prueba, trofeo, marcador, trampa, atleta, aficionado, animar, campeonato, bandera, capacidad

1. Cuando voy al estadio me gusta .... a mi equipo favorito.
2. Un buen .... practica varias horas al día.
3. El presidente de la nación entregó el .... al equipo ganador.
4. Para llegar a la final hay que superar muchas ....
5. Soy un gran .... a los partidos de tenis.
6. Todos los equipos de Europa participan en el ....
7. Uno de los miembros del equipo lleva la ....
8. El estadio Vicente Calderón tiene una .... de 100.000 espectadores.
9. La persona que intenta engañar a otra en el juego se dice que hace
   ....
10. El lugar donde aparecen los resultados del partido se llama ....

F

¿Verdadero o falso?

1. El lugar donde se juega al tenis es la pista.
2. Para jugar a baloncesto es necesaria una red.
3. Los ciclistas llevan un pico en la bicicleta.
4. El portero de fútbol normalmente utiliza guantes.
5. El árbitro es un jugador del equipo.

EXPRESIONARIO

■ **¿Puedes explicar el significado de las siguientes expresiones?:**

- *Se gana la vida con el deporte.*
- *Les han dado una paliza tremenda.*
- *Esa persona no juega limpio.*
- *Están jugando con ventaja.*

¿Cuál de las expresiones anteriores emplearías al lado de estas frases?:

- El resultado del partido de fútbol es 8-0.
- Un jugador da golpes a sus compañeros cuando el árbitro no le ve.

■ **¿Y qué crees que significa el siguiente refrán?:** *"en la mesa y en el juego se conoce al caballero".*

¡Vamos a hablar!

¿Practicas algún deporte?
¿Hace muchos años que lo practicas?

¿Qué deportes
practicas en el verano?
¿Y en el invierno?

¿Juegas en algún equipo?
¿Es de los que suelen ganar o no?

¿Has ganado
alguna vez un premio deportivo?
¿Cuándo?

¿Hay algún deporte
que no te gusta? ¿Por qué?

¿Cuál es tu deporte
favorito?

¿Prefieres ver los partidos
en el estadio o por la televisión? ¿Qué diferencias
existen?

Algunas veces los deportes
son peligrosos ¿Conoces algún caso?
¿Qué pasó?

¿La ciudad donde
vives o estudias es famosa
por algún equipo deportivo?

En tu opinión
¿un deporte es importante
porque se puede ganar la vida
con él o porque es
ejercicio físico?

Situaciones

En la final
de ..... se jugó
*un partido
impresionante.*
Cuéntaselo
a un amigo.

Estás jugando
un partido
de baloncesto
y un jugador
te tira
al suelo,
¿cómo
actúas?

Vas a ver
un partido
de tenis
y el partido
es muy
aburrido
¿Qué haces?

Tu mejor
amigo
ha perdido
en las
carreras
¿Qué
le dices?

El mejor amigo del hombre

13

- águila (el)
- ballena (la)
- burro (el)
- caballo (el)
- cabra (la)
- camello (el)
- cebra (la)
- cerdo (el)
- ciervo (el)
- cisne (el)
- cocodrilo (el)
- conejo (el)
- delfín (el)
- elefante (el)
- gallina (la)
- gato (el)
- jabalí (el)
- jirafa (la)
- león (el)
- loro (el)
- mono (el)
- oso (el)
- oveja (la)
- paloma (la)
- pato (el)
- pavo (el)
- perro (el)
- rana (la)
- rinoceronte (el)
- tiburón (el)
- tigre (el)
- toro (el)
- tortuga (la)
- vaca (la)

Ejercicios

A

Escoge en el vocabulario 4 animales domésticos, 4 salvajes y 4 aves.
¿Qué animales del vocabulario tienen cuernos? ¿Y cuáles tienen plumas?

....

....

...

B

Completa las frases con el verbo más apropiado :

ladrar, volar, atacar, picar, montar, nadar

1. Cuando era joven, me gustaba .... a caballo.

2. El águila .... a una gran altitud.

3. El tigre del zoo .... a los visitantes.

4. Cuando les daba de comer, las gallinas me .... en la mano.

5. El tiburón es un animal rápido, ... a mucha velocidad.

6. Ese perro no ha dejado de .... en toda la noche.

C

Señala la palabra que corresponde a cada definición :

1. arañar
2. cachorro
3. apostar
4. trepar
5. hocico
6. foso
7. raza
8. liebre
9. amaestrar
10. veterinario

a. hoyo profundo
b. enseñar a un animal a hacer algo
c. boca y nariz de los animales
d. animal parecido al conejo que corre mucho
e. herir a alguien con las uñas
f. jugar con dinero
g. subir por un muro, roca o pared usando las manos y los pies
h. animal muy joven
i. médico de los animales
j. grupo genético

D

Relaciona cada animal con el sonido que realiza :

1. gato
2. perro
3. pájaro
4. vaca
5. caballo
6. león
7. rana
8. pollito

a. croar
b. rugir
c. ladrar
d. relinchar
e. mugir
f. piar
g. cantar
h. maullar

E

1. Indica el género femenino de los siguientes animales :

toro ....

león ....

tigre ....

2. Y ahora el masculino de :

oveja ....

yegua ....

gallina ....

F

¿Qué animal es? Sólo faltan consonantes y todas las palabras están en el vocabulario.

e _ e _ a _ _ e	Tiene trompa.
_ o _ o	Es capaz de hablar.
_ i _ _ e	Vive en los estanques.
_ a _ _ e _ a	Es un mamífero marino.
_ a _ e _ _ o	Tiene joroba.
_ o _ o _ _ i _ o	Pertenece a los reptiles.

■ Explica el significado de las expresiones :

- *Es un animal muy manso.*
- *Es muy feroz.*
- *Es un coto vedado de caza.*
- *La piel de ese animal es muy preciada.*

■ ¿Podrías terminar el siguiente refrán? Está relacionado con el hecho de parecer feroz pero ser manso. Se necesitan dos adjetivos derivados de verbos que están en los ejercicios de la lección.

Perro ...., poco ....

■ En todos los idiomas hacemos comparaciones con animales. Aquí hay algunas pero tenemos dudas. Ayúdanos :

- *Tiene siete vidas como los ¿gatos?/¿monos?.*
- *No es tan fiero el ¿canario?/¿león? como lo pintan.*
- *Luis no ha sentido esa muerte y **llora lágrimas de** ¿cocodrilo?/¿oveja?.*
- *No quiere enterarse de nada, **usa la técnica del** ¿avestruz?/¿loro?.*

¡Vamos a hablar!

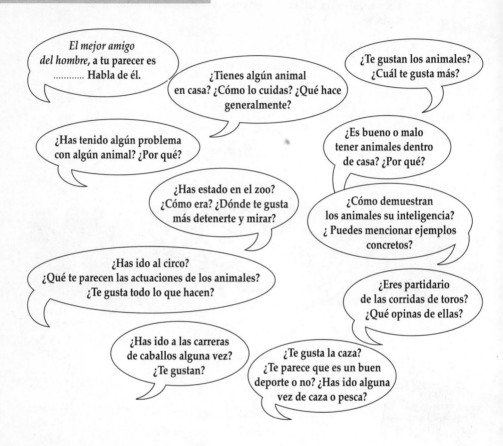

El mejor amigo del hombre, a tu parecer es .... Habla de él.

¿Tienes algún animal en casa? ¿Cómo lo cuidas? ¿Qué hace generalmente?

¿Te gustan los animales? ¿Cuál te gusta más?

¿Has tenido algún problema con algún animal? ¿Por qué?

¿Es bueno o malo tener animales dentro de casa? ¿Por qué?

¿Has estado en el zoo? ¿Cómo era? ¿Dónde te gusta más detenerte y mirar?

¿Cómo demuestran los animales su inteligencia? ¿Puedes mencionar ejemplos concretos?

¿Has ido al circo? ¿Qué te parecen las actuaciones de los animales? ¿Te gusta todo lo que hacen?

¿Eres partidario de las corridas de toros? ¿Qué opinas de ellas?

¿Has ido a las carreras de caballos alguna vez? ¿Te gustan?

¿Te gusta la caza? ¿Te parece que es un buen deporte o no? ¿Has ido alguna vez de caza o pesca?

Situaciones

Estás delante de un perro muy feroz ¿Cómo actúas?

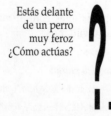

Tu gata siamesa ha tenido crías. Dinos qué vas a hacer con ellas ¿Te las quedas todas? ¿ninguna? ¿vendes o regalas alguna?

Una persona está pegando muy fuerte a un animal ¿Le dices algo? ¿Qué haces?

¡No me encuentro bien!

- alcohol (el)
- alergia (la)
- algodón (el)
- análisis de sangre (el)
- anginas (las)
- antibiótico (el)
- antitérmico (el)
- camilla (la)
- cardiólogo (el)
- cirujano (el)
- consulta (la)
- chequeo (el)
- diagnóstico (el)
- dolor (el)
- embarazo (el)
- enfermera (la)
- esparadrapo (el)

- estornudo (el)
- fiebre (la)
- gotas (las)
- grano (el)
- grupo sanguíneo (el)
- herida (la)
- historia clínica (la)
- inyección (la)
- irritación (la)
- jarabe (el)
- mareo (el)
- masaje (el)
- médico (el)
- náusea (la)
- nerviosismo (el)
- oculista (el)
- operación (la)

- otorrino (el)
- paciente (el)
- paperas (las)
- picor (el)
- pinchazo (el)
- quemadura (la)
- quirófano (el)
- receta (la)
- sarampión (el)
- tensión (la)
- termómetro (el)
- tos (la)
- vacuna (la)
- varicela (la)
- venda (la)
- vitaminas (las)

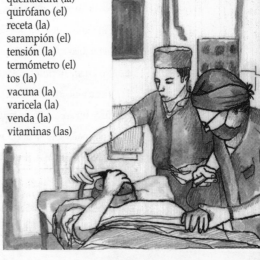

Ejercicios

A

Entre las palabras del vocabulario señala : 4 médicos especialistas, 4 enfermedades, 4 medicinas y 4 síntomas.

....

...

B

Señala el término semejante :

hospital ....   fractura

resfriado ....   tranquilizante

fatiga ....   descanso

pastilla.............   clínica

rotura..............   cansancio

reposo.............   constipado

calmante..........   píldora

C

Escoge la palabra más adecuada para completar la frase :

pomada, insomnio, medicina, escayola, apetito, vena, trasplante,
hueso, tratamiento, anestesia

1. Si te rompes una pierna o un brazo te ponen una ....

2. El doctor Barnard hizo el primer .... de corazón.

3. No tiene ganas de comer, ha perdido el ....

4. El líquido que pasa por las .... es la sangre.

5. El médico le ha puesto un .... muy severo.

6. No puede dormir por las noches. Tiene ....

7. Tiene muchos granos en la cara y por eso debe darse una ....

8. Tuvo un accidente de automóvil y tenía varios .... rotos.

9. En España sólo se pueden comprar .... en la farmacia.

10. En la operación es imprescindible ponerle ....

D

Hay dos verbos que no están relacionados con los demás ¿Puedes encontrarlos?

curar, respirar, doler, marcharse, vacunar, marearse, rascarse, toser, operar, tachar,
estornudar, picar

....

E

Haz frases originales utilizando los siguientes pares de palabras :

marearse/tomar la tensión ....

pedir hora/consultorio ....

alcohol/poner una inyección ....

estornudar/alergia ....

garganta/operación ....

herida/calmante ....

fuego/quemadura ....

F

La máquina de escribir del doctor no funciona bien y su informe médico tiene algunos errores ¿Puedes corregirlos? Todas las palabras con faltas están en el vocabulario :

El saciente Jorge Ruiz presenta diversas haridas. Se tumbó en la comilla ya que sufría marios y naseas. La enfertera le puso el tremómetro y vió que no tenía fibra. Le pusimos una venta en la herita más grande y le dimos un jorabe. También le dijimos que debería ponerse una vacana.

....

....

....

....

....

- *Tener fiebre.*
- *Tomar la tensión.*
- *Tener la gripe.*
- *Pedir hora para la consulta.*
- *Ser alérgico.*

¿Qué expresión de las anteriores utilizarías?:

Tiene fiebre, tos y estornuda. Probablemente ....

Antes de ir al médico, debes ....

Haz dos frases con alguna de las expresiones restantes.

....

....

¿Qué crees que significa : *Luis ha perdido el conocimiento*?

Que se le ha olvidado algo.
Que se ha desmayado.

María goza de buena salud ¿qué dirías?

Tiene muchos achaques.
Tiene una salud de hierro.

¡Vamos a hablar!

¿Qué síntomas tienes cuando estás resfriado? ¿Qué haces?

¿Has estado alguna vez ingresado en el hospital? ¿Qué te pasó?

¿Cuándo se debe ir al médico? ¿Te recetas tú solo o prefieres ir a la consulta?

¿Tomas frecuentemente alguna medicina? ¿Por qué?

¿Cuáles son algunas de las típicas enfermedades infantiles? ¿Qué síntomas tienen?

¿Te has roto alguna vez una pierna o un brazo? ¿Qué hiciste? ¿Qué te recomendó el médico?

¿Has tenido alguna quemadura ¿Qué te pasó?

¿Tienes alguna alergia? ¿A qué? ¿Cuándo la tienes?

¿Te han operado alguna vez? ¿Cuál era el problema?

¿Qué piensas de los métodos naturistas para curar enfermedades? ¿Eres partidario de la llamada "medicina alternativa"?

Situaciones

No me encuentro bien, te dice tu amigo mientras paseáis por la calle y después se marea y pierde el conocimiento ¿Qué haces para ayudarle?

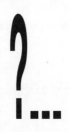

Te caes por la escalera y te duele mucho una pierna ¿Qué crees que te pasa? ¿Cómo actúas?

Has ido al campo y ahora te pica mucho todo el cuerpo, estornudas, te lloran los ojos... ¿Qué te pones? ¿Qué haces?

¡Este verano ... al mar! 15

- acantilado (el)
- aletas (las)
- alta mar
- arena (la)
- bañista (el)
- buzo (el)
- caña de pescar (la)
- castillo (el)
- colchoneta (la)
- concha (la)
- costa (la)

- crema bronceadora (la)
- cubo (el)
- esquí acuático (el)
- estrella de mar (la)
- faro (el)
- flotador (el)
- gafas de bucear (las)
- isla (la)
- océano (el)
- olas (las)
- orilla (la)

- oxígeno (el)
- pala (la)
- pelota (la)
- pesca (la)
- playa (la)
- puerto (el)
- rompeolas (el)
- sombrilla (la)
- trampolín (el)
- veraneante (el)

Ejercicios

A

Escoge del vocabulario 3 palabras relacionadas con el paisaje marino, 3 objetos para practicar deportes acuáticos y 3 objetos que se llevan normalmente a la playa.

....

....

....

B

Completa las siguientes frases con el verbo más apropiado :

flotar, bucear, hundirse, ahogarse, sumergirse

1. Las pelotas de plástico .... en el agua.

2. Durante la terrible tormenta el barco se ....

3. Los submarinos .... a grandes profundidades en el océano.

4. Es necesario llevar oxígeno para .... durante más de una hora.

5. Un señor que no sabía nadar .... cerca de la playa.

C

Relaciona cada palabra con su definición o sinónimo :

1. crucero   a. persona que trabaja en el barco
2. alga   b. persona que iba en un barco que se hundió
3. submarino   c. entrante pequeño del mar en la tierra
4. cabo   d. parte más baja de algo
5. a la deriva   e. que está bajo la superficie del mar
6. náufrago   f. planta acuática
7. embarcación   g. saliente de la costa que penetra en el mar
8. fondo   h. ir sin dirección fija
9. tripulante   i. todo tipo de barco
10. cala   j. viaje de placer en barco haciendo escalas

D

Señala los antónimos de :

desnudo .... húmedo

profundo .... alta mar

seco .... blanco

orilla .... vestido

bravo .... superficial

moreno .... tranquilo

E

Escribe una frase con los siguientes grupos de palabras :

arena/estrella ....

náufrago/hundirse ....

nadar/flotador ....

costa/cabo ....

aletas/bucear ....

explorar/fondo ....

profundidad/bañarse ....

¿De qué palabra se trata? Sólo faltan consonantes y todas las palabras están en el vocabulario.

_ ue _ _ o	Lugar donde llegan los barcos.
_ _ o _ a _ o _	Es necesario si no sabe nadar.
e _ _ e _ _ a	Animal marino.
_ _ a _ _ o _ i _	Sirve para lanzarse al agua.
_ o _ _ _ a	Es fácil de encontrar en la orilla del mar.
_ a _ i _ _ a	Se refiere a personas.

■ Mucha gente está muy a gusto en la playa, ¿sabes qué quieren decir estas expresiones que oímos a menudo en ella?:

- *Ponerse moreno/Broncearse.*
- *Tomar el sol.*
- *Hacer el muerto.*

■ Está claro que los peces tienen que ver con el mar. Pero ¿sabes qué quieren decir estas expresiones relacionadas con ellos?

- *Ser un pez gordo.*
- *Estar pez en algo.*
- *Estar como pez en el agua.*
- *Por la boca muere el pez.*

■ Agosto es el mes veraniego por excelencia, y referido a él podemos oír cosas como

- *Hacer su agosto.*

¿qué crees que significa?

■ Y, por último, el mar, el agua ¿Qué es

- *Hacerse a la mar.*
- *Picarse el mar.*
- *Llover a mares.*
■ - *Nadar entre dos aguas?.*

Como resumen de todo lo anterior, completa estas frases

- A pesar de las clases particulares no sabe ni sumar, ni restar: .... en matemáticas.
- Este año, debido al mal tiempo, han vendido más paraguas que nunca; ....
- Hoy las olas son muy grandes: el mar ....

¿Has estado alguna vez de vacaciones en la playá? ¿Dónde? Describe el lugar.

¿Qué haces generalmente cuando vas a la playa?

¿Te gusta ponerte mucho al sol o prefieres bañarte más?

¿Te gusta más bañarte en el mar o en una piscina? ¿Por qué? ¿Qué ventajas y desventajas existen?

¿Te gusta bañarte cuando hay muchas olas? ¿Por qué sí o no?

¿Has tenido alguna vez problemas en el agua? ¿Qué te pasó? ¿Cómo lo solucionaste?

Describe el paisaje de mar o playa que más te haya gustado.

¿Conoces algún lugar de la costa española? ¿Cómo es? ¿Te gusta o no?

¿Practicas algún deporte acuático? ¿Cuál?

¿Has practicado alguna vez la pesca submarina? ¿Qué te parece?

Situaciones

¡Este verano ... al mar! ha decidido Laura, pero Miguel piensa que a la montaña. Déjanos oirles.

Ves que una persona se está ahogando en el mar ¿Qué haces?

?...

Te invitan a dar un paseo en barco y cuando estás lejos de la playa se estropea el motor ¿Cómo actúas?

Piensas irte el fin de semana a la playa ¿Qué llevarás? ¿Qué cosas preparas? ¿Qué harás cada día?

La caja ¿tonta?

- actor/actriz (el/la)
- antena (la)
- anuncio (el)
- argumento (el)
- brillo (el)
- cámara (la)
- canal (el)
- capítulo (el)
- comedia (la)
- corresponsal (el)
- dibujos animados (los)
- director/a (el/la)

- doblaje (el)
- documental (el)
- entrevista (la)
- escenario (el)
- espectáculo (el)
- fotografía (la)
- guión (el)
- imagen (la)
- interferencia (la)
- mando (a distancia) (el)
- noticias (las)
- obra de teatro (la)

- pantalla (la)
- película (la)
- presentador/a (el/la)
- publicidad (la)
- radio (la)
- recital musical (el)
- serie (la)
- sonido (el)
- telenovela (la)
- tragedia (la)
- vídeo (el)
- volumen (el)

Ejercicios

A

Selecciona en el vocabulario 5 palabras que denominan programas de televisión, 4 que se refieren a personas que trabajan en/para la televisión y 3 partes del televisor.

....

....

....

....

....

B

¿Cuál es la palabra que corresponde?

del oeste, infantil, cortometraje, comedia, largometraje, policiaca

película de poca duración ....

película que dura mucho tiempo ....

película que hace reír ....

película en que intervienen "policías y ladrones" ....

película para niños ....

película en que intervienen muchos "vaqueros" ....

C

¿Sabrías sinónimos de :

episodio ....

film ....

trama ....

pequeña pantalla ....

publicidad ....

D

Escoge la palabra más adecuada para completar la frase :

adultos, subtítulos, adaptación, ídolo, escena, en directo, blanco y negro, borrosa, madrugada, duración

1. Esta noche ponen en televisión un partido de fútbol ....

2. Esta película no está doblada, tiene ....

3. Antes tenía una televisión en .... pero ahora la tengo en color.

4. No puedes ver esa película porque es solamente para ....

5. Esa serie tiene demasiadas .... violentas.

6. No vi el final del partido porque tuvo una larga ....

7. Ese programa de televisión es una .... de una novela.

8. Era difícil observar el final de la carrera porque la imagen estaba muy

    ....

9. La programación que se ve después de las doce de la noche se llama de

    ....

10. Algunos actores se convierten en .... para la gente joven.

E

Entre los siguientes verbos hay uno que no está relacionado con el tema de la televisión. ¿Puedes encontrarlo?

presentar, anunciar, emitir, ingerir, doblar, durar, tratar, dirigir

....

¿Puedes decir también sustantivos relacionados con ellos?

....

F

¿Es verdadero o falso?

1. Las tragedias tienen normalmente un final feliz.
2. Los dibujos animados son un programa infantil.
3. Las interferencias sirven para mejorar el volumen.
4. Un documental es un programa informativo sobre hechos reales.
5. Si un programa se ve mucho se dice que tiene gran audiencia.

■ **Explica el significado de las siguientes expresiones :**

- *Ese programa es un rollazo.*
- *La retransmisión tenía muchas interferencias.*

■ **¿Cómo expresarías lo contrario de çada una de ellas?**

■ **¡A ver si te acuerdas!. Completa estas frases con palabras que ya has visto.**

La voz de Bogart no parecía adecuada; esta película está mal

................., a mí me gusta más *en versión original*, con ....

■ **¿Sabes lo que es "*un culebrón*"?**

- Una serpiente muy larga.
- Una serie de televisión con muchos episodios.

67

¡Vamos a hablar!

Muchos la llaman "*la caja tonta*" pero pocos prescinden totalmente de ella ¿De qué estamos hablando? ¿Estás de acuerdo con lo anterior?

¿Te gusta la televisión? ¿Tienes una en casa? ¿Cuándo la ves?

¿Qué programas de televisión son tus favoritos? ¿Por qué?

¿Te gusta alguna serie que ves habitualmente todas las semanas? ¿De qué trata?

¿Prefieres ver los canales públicos o privados? ¿Por qué?

¿Prefieres ver la televisión o ir al cine? ¿Por qué? ¿Tienes un vídeo?

¿Cuál es la película que más te ha gustado? ¿Quiénes eran los actores? ¿Cuál era el argumento?

¿Qué piensas de los anuncios y la propaganda en televisión? ¿Crees que está bien cortar una película para poner anuncios?

¿Has visto la televisión en otros países? ¿Qué diferencias existen?

¿Crees que la televisión tiene una buena o mala influencia en los jóvenes? ¿Por qué?

¿Es conveniente ver mucho la televisión? Razona tu respuesta.

Situaciones

Se te estropea la televisión cuando estás en la parte más emocionante de una película ¿Qué haces?

Estás viendo un programa en que hay demasiada violencia ¿Cómo actúas?

Estás en casa de unos amigos y proponen ver la televisión ¿Qué opinas? ¿Prefieres verla o hablar con ellos?

¿Cuánto dinero necesita?

17

- acciones (las)
- ahorro (el)
- balance (el)
- beneficio (el)
- billete (el)
- cajero (el)
- cajero automático (el)
- cambio (el)
- capital (el)
- cartilla de ahorros (la)
- cobro (el)

- cuenta corriente (la)
- cheque (el)
- cheque de viaje (el)
- depósito (el)
- firma (la)
- garantía (la)
- giro (el)
- hipoteca (la)
- impreso (el)
- interés (el)
- inversión (la)

- moneda (la)
- pago (el)
- préstamo (el)
- recibo (el)
- reintegro (el)
- sueldo (el)
- tanto por ciento (el)
- talonario (el)
- tarjeta de crédito (la)
- transferencia (la)
- ventanilla (la)

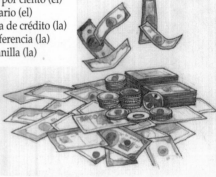

Ejercicios

A

Di 3 palabras del vocabulario relacionadas con gestiones que realizas normalmente en un banco, 3 relacionadas con el dinero y la acción de viajar y otras 3 que se refieren al hecho de comprar un piso con la ayuda de un banco.

....

....

....

B

Completa las siguientes frases con el verbo más apropiado :

ingresar, pedir prestado, invertir, ahorrar, cambiar

1. Antes de viajar necesito .... mi dinero por la moneda del país a donde voy.

2. Se me acabó todo el dinero, tengo que .... a mis padres.

3. Después de cobrar mi sueldo lo .... en el banco.

4. Para comprarme un coche nuevo debo .... un poco cada mes.

5. Tenemos mucho dinero, sería bueno .... con esa compañía.

C

Señala la palabra que corresponde a cada definición o el término semejante :

1.	herencia	a. cualidad de obtener y guardar excesivamente riquezas
2.	cancelar	b. bienes que alguien tiene
3.	vuelta	c. agencia bancaria
4.	factura	d. cualquier gestión que se realiza en el banco
5.	avaricia	e. dinero que se devuelve
6.	hucha	f. lugar donde se reúnen los que compran y venden acciones
7.	fortuna	g. acción de anular
8.	bolsa	h. bienes que se reciben cuando una persona muere
9.	sucursal	i. objeto donde se guarda el dinero
10.	operación bancaria	j. cuenta

D

Relaciona los países y su moneda.

España	dólar
Italia	franco
Francia	lira
Inglaterra	marco
Alemania	peseta
Estados Unidos	libra

E

Señala antónimos y después escribe una frase.

riqueza	derrochar	....
verdadero	pérdida	....
ahorrar	independencia	....
ganancia	falso	....
dependencia	conceder	....
rechazar	pobreza	....

F

¿De qué palabra se trata? Todas ellas están en el vocabulario y sólo faltan consonantes :

_ a _ i _ a _	conjunto de dinero que uno tiene
i _ _ _ e _ o	papel que debe rellenar
_ e _ _ a _ i _ _ a	lugar donde un empleado atiende
_ a _ e _ o	persona que da el dinero
_ i _ _ e _ e	dinero en papel
_ i _ _ a	indica el nombre de una persona

EXPRESIONARIO

■ Hay quien guarda el dinero "*en un calcetín*" o "*debajo de un la-drillo*" pero la mayoría está familiarizada con los bancos y su lenguaje ¿Sabes qué significan :

- *En metálico.*
- *Un cheque al portador.*
- *Firmar un talón sin fondos.*
- *Estar en bancarrota.*
- *Estar en números rojos/estar sin blanca/no tener saldo.*
- *Hacerse millonario.*
- *Pedir un crédito/préstamo.*
- *Pedir un extracto de la cuenta?*

■ Si utilizas el participio de estos tres verbos: *agradecer, pagar, olvidar,* y los ordenas adecuadamente, obtendrás un refrán que te advierte sobre el riesgo del préstamo :

Lo ...., *ni* .... *ni* ....

¡Vamos a hablar!

¿Has invertido alguna vez en acciones o piensas hacerlo? ¿Te parece interesante? ¿Por qué?

¿Tienes una cuenta corriente o una cartilla de ahorros? ¿Por qué? ¿Cuál te parece más interesante?

¿Has tenido problemas en el banco? ¿Cuáles eran?

¿Has recibido un giro últimamente? ¿De quién era? ¿Para qué necesitabas el dinero?

¿Has solicitado algún préstamo en el banco? ¿Para qué?

¿Prefieres sacar de una vez mucho dinero para todo el mes o hacerlo de forma asidua, en cantidades pequeñas? ¿Por qué?

Cuando vas de viaje ¿Llevas el dinero en metálico o prefieres llevar cheques?

¿Tienes tarjetas de crédito? ¿Cuáles? ¿Te parecen importantes? ¿Para qué las usas?

En tu opinión ¿Es muy importante el dinero? ¿Por qué?

Si ganas muchos millones en la lotería ¿Qué harás con ese dinero? ¿Cuáles son tus planes?

Situaciones

¿Cuánto dinero necesita y para qué lo desea? te dice el director del banco al que le estás pidiendo un crédito. Responde indicando el uso que vas a darle.

Un amigo te pide bastante dinero prestado ¿Qué haces? ¿Se lo prestas?

Estás en el extranjero y te has quedado sin dinero ¿Cómo actúas?

Vas paseando por el parque y te encuentras 50.000 pesetas ¿Qué haces?

?...

¡Vivan las fiestas!

- adornos (los)
- aniversario (el)
- árbol de Navidad (el)
- atracciones (las)
- bromas (las)
- Carnaval (el)
- casetas (las)
- concurso (el)
- cumpleaños (el)
- día de los Inocentes (el)

- día de Reyes (el)
- disfraz (el)
- feria (la)
- fiesta (la)
- fuegos artificiales (los)
- marionetas (las)
- nacimiento (el)
- Navidad (la)
- Nochebuena (la)
- Nochevieja (la)

- ocio (el)
- pasatiempo (el)/afición (la)
- Pascua (la)
- procesión (la)
- regalos (los)
- santo (el)
- Semana Santa (la)
- tarjetas de Navidad (las)
- tómbola (la)
- verbena (la)

Ejercicios

A

Señala en el vocabulario 5 palabras relacionadas con las fiestas navideñas y otras 5 relacionadas con actividades festivas en general.

....

....

....

....

....

B

Completa las frases con el verbo más apropiado :

celebrar, envolver, enviar, disfrazarse, adornar

1. Durante la Navidad .... todas las calles de la ciudad.
2. Antes de poner los regalos junto al árbol los .... en papeles bonitos.
3. Todos los años .... tarjetas de Navidad a toda mi familia.
4. En carnavales pienso .... de Drácula.
5. El día 25 de diciembre se .... la Navidad.

C

Haz frases originales con los siguientes grupos de palabras :

sellos/tarjetas de navidad ....

envolver/día de reyes ....

fuegos artificiales/verbena ....

concurso/atracción ....

ocio/pasatiempo ....

fiesta/disfraz ....

D

Escoge la palabra más apropiada para completar la frase :

Nacimiento, aniversario, procesión, disfraz, cabalgata, feria, careta, villancico, tómbola, corridas

1. Las canciones navideñas se llaman ....
2. Todos los años se celebra el .... de la fundación de nuestra ciudad.
3. En carnaval es normal ponerse una ....
4. El día antes de Reyes hay una ....
5. No te reconocí con el .... y por eso me di un susto.
6. Esta Navidad hemos puesto el .... junto al árbol.
7. En Semana Santa son muy famosas las .... españolas.
8. En la .... de mi pueblo hay muchas atracciones y una ....
9. Durante las fiestas de San Fermín son muy famosas las ....

Relaciona las dos columnas :

enviar................	dar
comenzar	marchito
entregar................	mandar
adorno................	empezar
seco......................	festejar
celebrar	decoración

F

María ha escrito una tarjeta de Navidad pero no sabe mucho español y ha cometido faltas ¿Puedes encontrarlas y corregirlas? Todas las palabras con errores están en el vocabulario:

Queridos amigos:
Este año celebro la Navidad y el día de Rayos en la montaña. Desder aquí enviaré retalos a mis familiares. Estoy en este lugar porque necesito descenso. El hotel es precioso, está rodeado de flotes y sésped.
Os deseo una feliz Navidaz y espero que os divirtais mucho en nocheviena.

Con cariño,
María

....

EXPRESIONARIO

■ ¿Cómo se diría en tu idioma *¡Que cumplas muchos años!* o *Te deseamos muchas felicidades?*

■ Todo el mundo en mi trabajo está de acuerdo en *"hacer puente"*. ¿Sabes qué quiere decir *"hacer puente"?*

■ ¿Tú crees, como dice esta expresión española, que *el ocio es negocio?* Explícalo.

■ En España hay una fiesta que la celebramos *tomando las uvas* ¿Sabes cuál es?

- Carnaval.
- Nochevieja.
- El día del cumpleaños.
- Semana Santa.

¡Vamos a hablar!

¿Celebras el carnaval? ¿Qué haces? ¿Te has disfrazado alguna vez? ¿De qué?

¿Cómo se divide, en general, el tiempo de trabajo y de ocio en tu país?

¿Hay un parque de atracciones cerca de donde vives? o ¿has estado alguna vez en uno? ¿Qué atracciones prefieres?

¿Te gustan las navidades? ¿Ponen un árbol de Navidad en tu casa? ¿Quién lo adorna? ¿Cómo?

¿Qué haces el día de Navidad? ¿Se reúne tu familia? ¿Cuándo se dan los regalos?

¿Qué haces en Nochevieja? ¿Vas a casa de unos amigos o a comer en un restaurante? ¿Qué es lo que se hace generalmente en tu país?

¿Tienes vacaciones en Semana Santa? ¿Dónde vas?

¿Dais "inocentadas" en tu país? ¿Cuándo?

¿Hay alguna otra fiesta típica en tu país? Describe cómo es y cómo se celebra.

¿Cómo celebras normalmente el día de tu cumpleaños?

Situaciones

Debes preparar la fiesta navideña en tu lugar de trabajo ¿Cómo lo planeas?

Tienes poco dinero pero te gustaría comprar un regalo a cada miembro de tu familia ¿Qué puedes hacer?

Te gastan una broma el día de los Inocentes ¿Cómo reaccionas? ¿De qué depende?

¿Hablo con la policía?

19

- abogado (el)
- acusado (el)
- agresión (la)
- asesino (el)
- bala (la)
- bomba (la)
- cadena perpetua (la)
- cárcel (la)
- carnet de identidad (el)
- comisaría (la)
- cómplice (el)
- condena (la)
- crimen (el)
- delito (el)

- detenido (el)
- documentación (la)
- esposas (las)
- explosión (la)
- fianza (la)
- fiscal (el)
- herido (el)
- huellas digitales (las)
- infracción (la)
- juez (el)
- jurado (el)
- ladrón (el)
- pasaporte (el)
- pena de muerte (la)

- permiso de conducir (el)
- pistola (la)
- preso (el)
- rehén (el)
- rescate (el)
- robo (el)
- secuestro (el)
- sospechoso (el)
- testigo (el)
- tribunal (el)
- víctima (la)
- visa (la)
- visado (el)

Ejercicios

A

Escoge en el vocabulario 5 palabras relacionadas con un juicio, 4 que designen a personas que pueda buscar la policía y 2 términos que indiquen documentos personales.

....

....

...

B

De los siguientes verbos hay uno que no está relacionado con el vocabulario ¿Cuál es?

detener, matar, condenar, disparar, robar, herir, secuestrar, pedir auxilio, juzgar, medir, declarar, defender, acusar

....

C

Identifica cada palabra con su definición o término semejante :

1.	drogadicto	a.	se obtiene por hacer una buena acción
2.	navaja	b.	malo, perjudicial
3.	carterista	c.	acción de matar a una persona
4.	alarma	d.	pago a una persona por un daño que le han hecho
5.	arma	e.	señal sonora o visual con que se avisa de un peligro
6.	detective	f.	persona que consume drogas
7.	recompensa	g.	objeto parecido a un cuchillo
8.	homicidio	h.	persona que investiga sucesos extraños
9.	nocivo	i.	ladrón de carteras
10.	indemnización	j.	cualquier utensilio que sirve para atacar o defenderse

D

Indica sustantivos o verbos derivados de :

declarar ....

detener ....

testigo ....

agresión ....

defender ....

cárcel ....

E

Haz frases combinando las siguientes palabras :

jurado/culpable ....

testigo/declarar ....

abogado defensor/fiscal ....

secuestro/rehén ....

sospechoso/detener ....

huellas digitales/comisaría ....

disparar/detective ....

¿Es verdadero o falso?

1. Una persona que después de un juicio va a la cárcel es considerada inocente.

2. La fianza es el dinero que se paga para poder salir de la cárcel hasta que se celebre el juicio.

3. Las esposas, en medios policiales, significan las mujeres de los policías.

4. Una persona que está obligada a pasar toda su vida en la cárcel tiene una condena de cadena perpetua.

5. Una persona que ve cometer un delito es un testigo.

Infórmate del significado de :

- *Tener libertad bajo fianza/Libertad provisional.*
- *Estar caducado.*
- *¡Manos arriba! ¡Alto!.*
- *Tener que prestar declaración.*
- *Ser un chorizo/ser un caco.*
- *Presentar una denuncia.*

Por tanto, ¿qué expresión escogerías para completar estas frases? :

- Mi pasaporte no es válido desde el 1 de Enero de 1990, tengo que renovarlo, porque ....

- Su familia ha pagado 100.000 pesetas por eso .... y no está en la cárcel.

- Si quiere que la policía investigue el robo, ...

- Como testigo de la defensa, ...

¿Sabrías explicar el significado de las siguientes frases o refranes? :

- *Ser abogado de pleitos pobres.*
- *El que roba a un ladrón tiene 100 años de perdón.*
- *La ocasión hace al ladrón.*

¡Vamos a hablar!

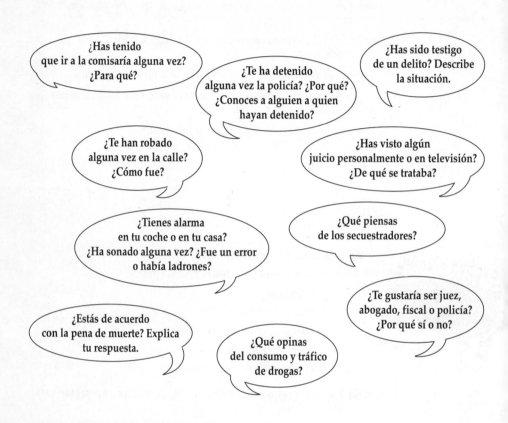

¿Has tenido que ir a la comisaría alguna vez? ¿Para qué?

¿Te ha detenido alguna vez la policía? ¿Por qué? ¿Conoces a alguien a quien hayan detenido?

¿Has sido testigo de un delito? Describe la situación.

¿Te han robado alguna vez en la calle? ¿Cómo fue?

¿Has visto algún juicio personalmente o en televisión? ¿De qué se trataba?

¿Tienes alarma en tu coche o en tu casa? ¿Ha sonado alguna vez? ¿Fue un error o había ladrones?

¿Qué piensas de los secuestradores?

¿Te gustaría ser juez, abogado, fiscal o policía? ¿Por qué sí o no?

¿Estás de acuerdo con la pena de muerte? Explica tu respuesta.

¿Qué opinas del consumo y tráfico de drogas?

Situaciones

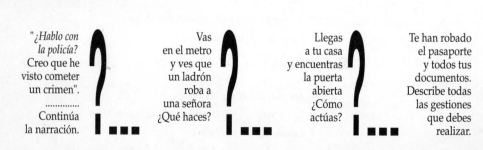

"¿Hablo con la policía? Creo que he visto cometer un crimen".
....
Continúa la narración.

Vas en el metro y ves que un ladrón roba a una señora ¿Qué haces?

Llegas a tu casa y encuentras la puerta abierta ¿Cómo actúas?

Te han robado el pasaporte y todos tus documentos. Describe todas las gestiones que debes realizar.

¿Aprobado o suspenso?

- apuntes (los)
- arquitectura (la)
- asignatura (la)
- biología (la)
- ciencias de la educación (las)
- ciencias naturales (las)
- colegio (el)
- colegio mayor (el)
- compañero (el)
- curso (el)
- deberes (los)
- derecho (el)
- doctorado (el)

- economía (la)
- enseñanza (la)
- escuela (la)
- especialidad (la)
- examen (el)
- facultad (la)
- filosofía (la)
- física (la)
- geografía (la)
- gramática (la)
- idiomas (los)
- ingeniería (la)
- instituto (el)

- licenciatura (la)
- mapa (el)
- matemáticas (las)
- pizarra (la)
- política (la)
- prácticas (las)
- psicología (la)
- química (la)
- sociología (la)
- teología (la)
- título (el)
- universidad (la)

Ejercicios

A

Escoge en el vocabulario 4 asignaturas que normalmente se estudian en la enseñanza secundaria. También di qué carrera debes estudiar si quieres ser

un abogado ....

una persona que examina el comportamiento humano ....

una persona que examina la sociedad ....

una persona que examina las relaciones internacionales ....

una persona que diseña las casas ....

una persona que estudia la descripción física de un país: montañas, ríos, etc. ....

....

B

Has hecho varios exámenes en España. Indica la palabra adecuada para tu nota :

suspenso, aprobado, notable, sobresaliente

has obtenido:

4,   6,   7,   9,   2,   10.

....

C

Completa las siguientes frases con el verbo más adecuado :

asistir, matricular, explicar, admitir, aprender

1. Ese profesor .... muy bien la filosofía.

2. Este año me .... en tercero de económicas.

3. Para aprobar es necesario .... a clase todos los días.

4. El viernes tengo un examen de francés. Debo .... los verbos irregulares.

5. Hay que tener muy buenas calificaciones para que te .... en esa universidad.

D

Señala la palabra que corresponde a cada definición o el término semejante :

1. calculadora	a. hacer una cosa igual a otra
2. beca	b. resultado bueno de una acción
3. tesis	c. director de cada facultad en la universidad
4. mecanografiar	d. conjunto de normas
5. redacción	e. estudio especializado sobre algún asunto
6. copiar	f. inteligente o astuto
7. decano	g. ejercicio escrito de narrar o describir
8. disciplina	h. máquina para realizar operaciones matemáticas
9. éxito	i. dinero que se da como ayuda a un estudiante en sus estudios
10. listo	j. escribir a máquina

E

Relaciona las dos columnas :

profesor...............	prueba
deberes................	alumno
apuntes	docencia
estudiante...........	notas
enseñanza...........	maestro
examen	tarea

F

¿De qué palabra se trata? Sólo faltan las consonantes y todas están en el vocabulario :

_ o _ _ a _ e _ o	persona que va a la misma clase
_ i _ e _ _ ia _ u _ a	título universitario
_ io _ o _ ia	estudio de los seres vivos
_ _ a _ a _ i _ a	existe en todos los idiomas
_ _ a _ _ i _ a _	donde se pueden comprobar las teorías

EXPRESIONARIO

■ **Infórmate sobre el significado de :**

- *Enseñanza pública o privada.*
- *Dar calabazas/catear.*
- *Ser un hueso.*
- *Ser un rollo.*
- *Llevar chuletas.*
- *Pillar copiando.*

■ **Escoge entre las dos opciones la que da el significado correcto :**

1. *El profesor de francés es un hueso.*

   a. El profesor de francés está muy delgado.
   b. El profesor de francés es muy duro con los alumnos.

2. *Me han dado calabazas en este curso.*

   a. He suspendido varias asignaturas.
   b. Me han regalado calabazas para hacer una tarta.

3. *Llevo los bolsillos llenos de chuletas.*

   a. Tengo notas o apuntes para copiar en el examen.
   b. Tengo chuletas de carne para comer.

■ Y ahora, hablando de letras ¿Qué quieren decir:

- *Al pie de la letra.*
- *Escribir cuatro letras.*
- *La letra con sangre entra?*

¿Estás de acuerdo con la última?

¡Vamos a hablar!

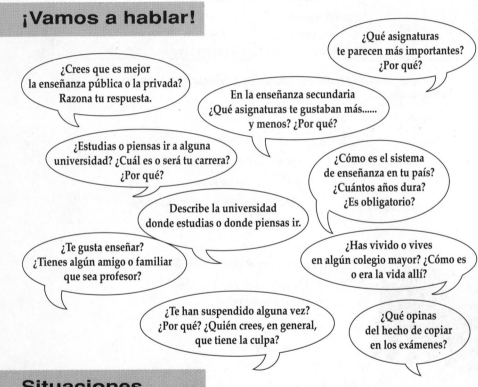

¿Qué asignaturas te parecen más importantes? ¿Por qué?

¿Crees que es mejor la enseñanza pública o la privada? Razona tu respuesta.

En la enseñanza secundaria ¿Qué asignaturas te gustaban más...... y menos? ¿Por qué?

¿Estudias o piensas ir a alguna universidad? ¿Cuál es o será tu carrera? ¿Por qué?

¿Cómo es el sistema de enseñanza en tu país? ¿Cuántos años dura? ¿Es obligatorio?

Describe la universidad donde estudias o donde piensas ir.

¿Te gusta enseñar? ¿Tienes algún amigo o familiar que sea profesor?

¿Has vivido o vives en algún colegio mayor? ¿Cómo es o era la vida allí?

¿Te han suspendido alguna vez? ¿Por qué? ¿Quién crees, en general, que tiene la culpa?

¿Qué opinas del hecho de copiar en los exámenes?

Situaciones

¿Aprobado o suspenso en español? te preguntan después de haber pasado 3 meses estudiando en España .... ¿Qué respondes? Justifícalo.

Estás haciendo un examen para obtener un trabajo y ves que un compañero está copiando ¿Cómo actúas?

No entiendes nada de las explicaciones del profesor ¿Qué haces? ¿Qué le dices?

Trabajas en un colegio ¿Qué cosas cambiarías o pondrías?

Soluciones

Capítulo 1 :

B : 1 saboreas, 2 veo, 3 olemos, 4 toca, 5 oís. **C** : 1c, 2d, 3a, 4e, 5b. **D** : gordo/grueso, hablador, adelgazar, sentarse, izquierda, tranquilo, bajo, moreno. **E** : **a** apagar, **b** a2, b3, c1. **F** : cuello, muñeca, estómago, piel, frente, hombros.

Capítulo 2 :

B : 1 pelo, 2 cuece, 3 limpia, 4 echas, 5 compramos. **C** : 1c, 2g, 3i, 4h, 5e, 6b, 7f, 8d, 9a. **D** : seco, pasado, salado, tierno, caliente, verde, pesado. **E** : V, F, V, V, F, V. **F** : 1 harina, 2 dulce, 3 mermelada, 4 sopa, 5 amargo, 6 churros, 7 yemas, 8 espesa, 9 marisco, 10 carne picada.

Capítulo 3 :

A : 1 marido, mujer, 2 hijos, hija, hijo, 3 madre, padre, 4 hermana, 5 nietos, abuelos, 6 tío, 7 sobrina, sobrino, 8 primos, 9 suegro, suegra, 10 yerno, nuera, 11 cuñadas. **B** : 1 soltera, 2 casada, 3 viuda, 4 separada, 5 divorciada. **C** : en, desde; con; por, a; para; de, entre. **D** : separación, declaración, bautismo, casamiento, anulación, adopción, matrimonio. Mujer: opuesto a hombre; mujer como esposa; mujer con valor exclamativo. **E** : 1 boda, 2 yerno, 3 bendijo, 4 por lo civil, 5 parientes, 6 familia numerosa, 7 declararse, 8 bautizar, 9 adoptar, 10 marido. **F** : suegro, mujer, ahijado, sobrino, nuera.

Capítulo 4 :

B : 1c, 2d, 3a, 4b. **C** : en grandes almacenes. **D** : 1d, 2e, 3a, 4f, 5g, 6c, 7b. **E** : llevar, escoger, vestirse, desteñir, mirarse, arrugar, ponerse, quitarse, probarse.

Capítulo 5 :

B : 1 llueve, 2 hiela, 3 nieve, 4 graniza. **C** : 1 húmedo, desértico, soleado; 2 ventoso, lluvioso, florido, hermoso. **D** : V, V, F, F, V. **E** : 1 nubes, 2 rocío, 3 brisa, 4 trueno, 5 pronóstico, 6 marea, 7 arco iris, 8 tormenta, 9 granizo, 10 meteorología. **F** : inundar, tronar, predecir, caluroso, enfriar.

Capítulo 6 :

C : cocina, cuarto de baño; cocina; cuarto de baño, cocina; cuarto de baño; dormitorio.
D : 1 colgar, 2 construir, 3 amueblarla, 4 diseñó. E : 1f, 2a, 3d, 4g, 5b, 6c, 7e.

Capítulo 7 :

B : 1c, 2d, 3e, 4b, 5a. C : grabaron, afinan, toca, aplaudió, interpretó. D : grabación, discoteca, rítmico, melódico, artístico, actuación, instrumentar. E : 1 partitura, 2 escenario, 3 zapateo, 4 compositor, 5 teclas, 6 micrófono, 7 violín, 8 solista, 9 festival, 10 coro. F : pandereta, órgano, arpa, trompeta, acordeón, castañuelas.

Capítulo 8 :

B : a6, b5, c4, d2, e3, f1; conductor, dueño, torcer, rueda, bocina. C : lentitud, frenar, poner, arrancar, desabrochar, estropear, vacío. D : dividir, anunciar. E : 1b, 2a, 3a. F : V, F, F, V, F, V, V.

Capítulo 9 :

B : máquina de escribir, manguera, silbato, brocha, tractor, cuchillo. C : 1 reparte, 2 cultivan, 3 contrató, 4 escribir a máquina, 5 dirige. E : 1 payaso, 2 sueldo, 3 audiencia, 4 informes, 5 presupuesto, 6 contabilidad, 7 entrevista, 8 público, 9 candidato. F : fontanero, locutor, albañil, guardaespaldas, astronauta.

Capítulo 10 :

B : en, de, con, a, para. C : 1i, 2h, 3e, 4g, 5j, 6a, 7c, 8d, 9b, 10f. E : informar, ocupado, encontrar, liso, antiguo, deshabitado, continente. F : desarrollar.

Capítulo 11 :

B : quiosco, estanco, farmacia, droguería, pastelería, joyería. C : 1 mira, 2 cruza, 3 visité, 4 pasea. D : 1h, 2g, 3e, 4j, 5i, 6a, 7c, 8f, 9d, 10b. E : viejo, aislado, suelo, típico, gente. F : acera, escaparate, señales, farol, heladería, banco.

Capítulo 12 :

B : ciclista, futbolista, montañero, boxeador, automivilista, tenista, esquiador, nadador, ganador, perdedor. C : redactar, dibujar. E : 1 animar, 2 atleta, 3 trofeo, 4 pruebas, 5 aficionado, 6 campeonato, 7 bandera, 8 capacidad, 9 trampa, 10 marcador. F : V, F, F, V, F.

Capítulo 13 :

B : montar, vuela, atacó, picaron, nada, ladrar.   **C** : 1e, 2h, 3f, 4g, 5c, 6a, 7j, 8d, 9b, 10i. **D** : 1h, 2c, 3g, 4e, 5d, 6b, 7a, 8f.   **E** : vaca, leona, tigresa, carnero, caballo, gallo.   **F** : elefante, loro, cisne, ballena, camello, cocodrilo.

Capítulo 14 :

B : clínica, constipado, cansancio, píldora, fractura, descanso, tranquilizante.   **C** : 1 escayola, 2 trasplante, 3 apetito, 4 venas, 5 tratamiento, 6 insomnio, 7 pomada, 8 huesos, 9 medicinas, 10 anestesia.   **D** : marcharse, tachar.   **F** : paciente, heridas, camilla, mareos, náuseas, enfermera, termómetro, fiebre, venda, herida, jarabe, vacuna.

Capítulo 15 :

B : flotan, hundió, se sumergen, bucear, se ahogó.   **C** : 1j, 2f, 3e, 4g, 5h, 6b, 7i, 8d, 9a, 10c. **D** : vestido, superficial, húmedo, alta mar, tranquilo, blanco.   **F** : puerto, flotador, estrella, trampolín, concha, bañista.

Capítulo 16 :

B : cortometraje, largometraje, comedia, policiaca, infantil, del oeste.   **C** : capítulo, película, argumento, televisión, anuncios.   **D** : 1 en directo, 2 subtítulos, 3 blanco y negro, 4 adultos, 5 escenas, 6 duración, 7 adaptación, 8 borrosa, 9 de madrugada, 10 ídolos.   **E** : ingerir; presentación, anuncio, emisión, doblaje, duración, tratamiento, dirección.   **F** : F, V, F, V, V.

Capítulo 17 :

B : cambiar, pedir prestado, ingreso, ahorrar, invertir.   **C** : 1h, 2g, 3e, 4j, 5a, 6i, 7b, 8f, 9c, 10d. **D** : peseta, franco, lira, libra, marco, dólar.   **E** : pobreza, falso, derrochar, pérdida, independencia, conceder.   **F** : capital, impreso, ventanilla, cajero, billete, firma.

Capítulo 18 :

B : 1 adornan, 2 envuelvo, 3 enviamos, 4 disfrazarme, 5 celebra.   **D** : 1 villancicos, 2 aniversario, 3 careta, 4 cabalgata, 5 disfraz, 6 nacimiento, 7 procesiones, 8 feria, tómbola, 9 corridas. **E** : mandar, empezar, dar, decoración, marchito, festejar.   **F** : reyes, regalos, descanso, flores, césped, Navidad, Nochevieja.

Capítulo 19 :

B : medir.   **C** : 1f, 2g, 3i, 4e, 5j, 6h, 7a, 8c, 9b, 10d.   **D** : declaración, detención, testificar, agredir, defensa, encarcelar.   **F** : F, V, F, V, V.

Capítulo 20 :

B : suspenso, aprobado, notable, sobresaliente, suspenso, sobresaliente.   **C** : explica, matriculo, asistir, aprender, acepten.   **D** : 1h, 2i, 3e, 4j, 5g, 6a, 7c, 8d, 9b, 10f.   **E** : maestro, tarea, notas, alumno, docencia, prueba.   **F** : compañero, licenciatura, biología, gramática, prácticas.